信息化背景下会计领域的发展研究

郭 静◎著

吉林出版集团股份有限公司
全国百佳图书出版单位

图书在版编目（CIP）数据

信息化背景下会计领域的发展研究 / 郭静著. -- 长春 : 吉林出版集团股份有限公司, 2023.7
ISBN 978-7-5731-3979-5

Ⅰ.①信… Ⅱ.①郭… Ⅲ.①会计学－研究 Ⅳ.①F230

中国版本图书馆CIP数据核字(2023)第142308号

信息化背景下会计领域的发展研究
XINXI HUA BEIJING XIA KUAIJI LINGYU DE FAZHAN YANJIU

著　　者	郭　静
出版人	吴　强
责任编辑	张西琳
装帧设计	李宁宁
开　　本	710 mm × 1000 mm　1/16
印　　张	6.25
字　　数	120千字
版　　次	2023年7月第1版
印　　次	2024年1月第1次印刷
出　　版	吉林出版集团股份有限公司
发　　行	吉林音像出版社有限责任公司
	（吉林省长春市南关区福祉大路5788号）
电　　话	0431－81629679
印　　刷	长春市华远印务有限公司

ISBN 978-7-5731-3979-5　　　定　价　78.00元

如发现印装质量问题，影响阅读，请与出版社联系调换。

前　言

本书依据国内企业会计信息化的发展现状，在对会计信息化理论进行阐述的基础上，着重对会计信息化的发展、信息化与会计信息化、IT平台及会计信息系统的功能结构和安全风险与控制进行深入研究与探讨。在此理论基础上，进一步对面向企业应用的会计信息系统、会计信息系统的审计与内部控制、新时代网络环境下会计信息服务平台的构建、信息化环境与会计管理及大数据与云计算给会计信息化带来的机遇和挑战、依托信息技术推动财务职能的数字化、智慧化转型、物联网环境下的会计信息化建设、信息化背景下会计制度总则设计、会计制度设计的基本方法、内部控制制度设计、管理会计设计、责任会计制度设计等方面进行了深度剖析与思考。

目 录

第一章　会计信息化理论综述 ………………………………………… 1
　　第一节　企业信息化与会计信息化 ……………………………………… 1
　　第二节　会计信息化的发展 ……………………………………………… 6

第二章　面向企业应用的会计信息系统 …………………………… 14
　　第一节　面向企业会计信息系统与业务系统 ………………………… 14
　　第二节　面向企业会计信息系统的功能结构 ………………………… 23
　　第三节　面向企业会计信息系统的会计安全与风险控制 …………… 27

第三章　新时代网络环境下会计信息服务平台的构建 ………… 30
　　第一节　网络会计信息系统概述 ……………………………………… 30
　　第二节　网络会计信息系统的风险与控制 …………………………… 37
　　第三节　网络环境下会计信息服务平台的拓展 ……………………… 44

第四章　企业会计信息化的运行环境 ……………………………… 49
　　第一节　信息化环境与会计管理 ……………………………………… 49
　　第二节　大数据与云计算在会计信息化中的机遇和挑战 …………… 54
　　第三节　信息时代背景下企业会计信息化的风险与防范 …………… 59

第五章　云计算环境下的中小企业会计信息化模式 …………… 62
　　第一节　基于云计算的中小企业信息化建设模式的构建策略 ……… 62
　　第二节　基于云计算的会计信息化模式的实施对策研究 …………… 73

第六章 物联网环境下的会计信息化建设 ... 76

第一节 物联网与会计信息化的关系问题 ... 76
第二节 物联网环境下的会计信息化建设实现路径 ... 80

参考文献 ... 91

第一章　会计信息化理论综述

现在是一个经济全球化和信息技术迅猛发展的时代，企业信息化随着社会的发展成为激励企业创新升级、提高企业管理水平和核心竞争力的有效手段。对于企业信息化来说，其改革创新的难点不在于技术或资金，而在于其管理思想的更新和转变。我国企业的信息化传统上是以会计信息化为开始并将其作为基础的，而会计信息系统作为企业管理信息系统中最为重要的一个子系统，它生成了超过70%的企业信息，在企业管理中起着极其重要的作用。因此，缺乏会计信息化的企业管理也就无从谈起。

第一节　企业信息化与会计信息化

一、企业信息化的内涵与实现

（一）企业信息化的内涵

1. 企业信息化的概念

企业信息化是指利用现代信息技术提高效率和效益，以企业内外部信息资源为基础，提高企业竞争力，实现现代企业管理的过程。

2. 企业信息化的覆盖范围

企业作为市场的主体，其主要任务是涵盖产品的设计、生产、营销、服务及随之发生的管理活动。因此，企业的信息化既要涉及业务信息化，又要包括企业信息化的管理。它应包括以下内容：

（1）产品设计的信息化

通过借助计算机辅助设计（CAD）技术促进产品研发速度，缩短设计周期和降低设计成本，最后实现设计自动化。

（2）生产过程的信息化

通过电子信息和自动控制的方式实现生产过程中的生产、测量和控制自动化。因此，企业控制整个生产过程需要运用计算辅助机生产技术（CAM）和其他自动控制技术来实现，降低劳动强度，提高产品的品质和质量。

（3）企业管理的信息化

在财务、人事、物资、办公室等领域实现管理自动化，即管理信息化。为了达成企业管理信息化，需要相应地配套建立起管理信息系统（MIS）、决策支持系统（DSS）、专家系统（ES）和办公室自动化系统（OA）。企业资源计划（ERP）、供应链管理（SCM）和客户关系管理（CRM）等问题近年来已成为人们广泛讨论的热门关注问题，现都已纳入管理信息系统（MIS）领域范畴。

（4）商务营运的信息化

它是指整个基于互联网的电子商务过程，包括但不限于广告浏览、市场调研、交易谈判、网上订单、电子支付、货物配送、客户售后服务等信息。

（二）企业信息化的实现

企业信息化的实现是一个全局规划、明确目标，依照效益导向原则分步实施的过程。具体工作主要有以下几点。

1. 开发信息资源

要开发信息资源需要对企业的所有各类数据进行规范，依据集成要求对其进行标准化、分类和编码，并构建起相应的数据库。与此同时，制定跟信息资源开发相关的法规及规章制度也是必要的。

2. 为企业信息化构建所需的基础设施

为企业信息化构建所需的基础设施，例如，计算机机房、服务器、信息网络和数据采集设备等。

3. 信息系统的研发

研发信息系统，例如支持制造生产的控制系统、支持的辅助设计系统及管理信息系统。因此，有必要调整组织并重组业务流程，以支持这些信息系统的集成。

4. 系统的集成性

企业针对不同职能可以设计不同的系统模块，但需保证业务财务数据同源共享，集成后的整体的各部分之间能彼此有机、协调地工作，以发挥整体效益，不存在数据孤岛，以达到整体优化的目的，并保证数据的完整性、准确性。

5. 为企业各级人员提供培训

向企业各级人员介绍并使其了解掌握信息化基本知识，学习信息技术并将其应用到他们的业务活动中。此外，企业管理层人员也必须接受相关培训。

二、会计信息化

（一）会计信息化的含义

会计信息化指的是信息技术与会计信息系统的融合过程，也就是以计算机技术及其互联网通信技术为主要手段，建立技术与信息高度交互融合的自动化会计信息系统，运用现代会计信息处理手段及软件，深化企事业单位和其他社会组织相关会计信息资源的开发和广泛利用，促进企事业单位和相关机构的发展，提高其经济效益并向其他利益相关者提供更全面和多样化的信息服务，从而实现价值创造。会计信息化程度主要体现在依赖我国经济活动和技术发展的各种技术手段上，并直接促使了新业务形态的产生，对业务信息需求做了相应调整和变化；技术（包括信息和管理）的发展导致了会计目标和相关会计理念的转变。随着会计信息技术的不断完善，会计信息系统逐步完善，会计信息化程度也随之提升。

（二）会计信息化的内容

1. 会计核算信息化

根据信息载体的不同，会计核算信息可以分为三个子系统：会计凭证、会计账簿和会计报表。作为会计信息化的第一个阶段，会计核算信息化的主要内容包含：会计科目建立信息化、凭证信息化、会计账簿登记信息化、成本计算信息化、会计报表编制信息化等。

（1）会计科目建立信息化

这项内容的建立是通过系统功能的初始化来实现的，除了将明细分类会计科目的名称和编码及总分类输入外，还将输入会计核算所需的期初及相关资料数据，包括年初数、累计发生额、账户往来款项、固定资产、薪酬、存货、成本费用、营业收入核算必需的期初数字成果；计算相关指标所需的不同比例；会计核算方法的选择，包括记账方法、固定资产折旧方法、存货计价方法、成本核算方法等；自定义自动转账凭证；操作员岗位分工情况的输入，包括操作员姓名、操作权限及密码等。

（2）凭证信息化

目前有越来越多的企业尝试根据企业 ERP 系统生成的业务数据或财务明细账数据直接生成会计凭证。相较于原始的纸质凭证而言，凭证信息化不仅提升了账务处理的准确性，还显著提高了账务处理的效率。

（3）会计账簿登记信息化

会计账簿的登记在实现会计信息化后通常分为两个阶段：首先，计算机根据会计凭证文件自动记录机器内的会计账簿，打印输出机器内的账簿。其次，财政部颁布的《会计基础工作规范》考虑到了信息化要求,对信息化条件下登记账簿标准提出了规范并对相应部分进行了修改,也对过去会计制度在设计时以手工操作为主要参考依据的做法有所改变。

(4) 成本计算信息化

根据账簿所作记录,会计核算有一项重要任务是计算业务过程中发生的采购费用成本、生产费用成本和销售费用成本。在会计软件中,计算机根据上述费用和会计系统规定的方法自动计算成本。许多通用会计软件为用户提供了多种不同的成本计算方法以供选择,而定点开发会计软件成本的计算方法,则相对少一些。

(5) 会计报表编制信息化

会计报表的编制工作是由通用会计软件中的计算机自动创建的。通常,有一个功能模块允许用户使用自行定义报表生成功能,该功能可以自行确定报表的格式和数据源,以适应各种报表的任何更改。然而这一功能模块的开发水平因会计方案的不同而有很大的不同,其中一些灵活性较强,另一些则相对较差。《会计基础工作规范》中规定,"会计报表之间、会计报表各项目之间、凡有对应关系的数字,应当相互一致。本期会对报表与上期会计报表之间有关的数字应当相互衔接。"根据这一规定,大多数会计软件都具有了自动核对验证功能。

2. 会计管理信息化

会计管理信息化应贯穿于整个企业管理的全过程,借助信息系统对财务管理标准、规范进行输出控制,将财务管理制度、流程建设、系统搭建紧密结合,从而提高会计管理能力和企业整体管理水平。

会计管理信息化主要有以下几种表现形式:①会计管理信息不仅支持运营作业层和管理层面的结构化和半结构化决策,而且有助于决策规划工作;②会计管理信息化通常以报告和控制为重点;③会计管理信息化取决于企业内现有的数据和数据流;④会计管理信息化倾向于用过去和当前的数据来支持决策;⑤会计管理信息化不是面向外部而是针对内部进行的;⑥对会计管理信息化的需求是已知且稳定的。

借助会计管理软件的功能与信息,会计管理将在以下方面发挥更大的作用:进行会计预测、制定财务计划、进行会计控制等。借助会计管理软件的功能与信息,筹集和使用资金,节约生产成本和资金经费支出,提高经济效益。

3. 会计决策支持信息化

支持信息化的会计决策是会计信息化的最高阶段,其间的决策工作通常是通过会计辅助决策支持系统来实现的。该系统可对企业的产品销售、定价、成本、资金和业务经营方向等问题作出决策,并根据会计报表预测的内容结果推断和输出决策结果。其中主要包括企业经营活动决策模型及应用、投资活动决策模型及应用、筹资活动决策模型及应用。与会计信息系统的其他子系统一样，会计决策支持系统与其构成一个完整的会计信息系统，它们通过彼此互为补充并分别完成了会计核算、会计管理、会计决策支持等方面工作。特别是会计核算信息化是后两个层级系统的基础和重要数据来源；会计决策支持信息化也是从前两个层级系统的信息化发展起来的，决策所依据的数据则需要基于前者来决定。

会计决策支持信息化的主要特点是：①会计决策支持信息化具有灵活性、适应性及快速响应性速度；②会计决策支持信息化，可使用户控制和设置系统的输入和输出；③会计决策支持信息化通常不需要专业程序员从旁协助；④会计决策支持信息化总体上针对的是解决非结构化问题；⑤为了完成会计决策支持信息化进程，需要借助复杂的分析和建模工具。

（三）会计信息化的作用

会计信息化作为会计发展史上的一场革命，与传统手工会计相比，它不再是一种简单的处理方式与工具的变革，在会计数据处理流程、处理方式、内部控制模式和组织结构等方面也有很多不同。其产生的结果将对会计理论和实务产生重大实质性影响，并在提高会计核算质量、促进会计职能的转变、加强国民经济的宏观经济管理和提高经济效益方面，都发挥着非常重要的作用。

1. 提高工作效率，减轻劳动强度

在手工会计信息系统中，会计数据的处理完全或主要依靠人工操作来完成，会计数据处理效率低下，误差大，工作量大且也较为繁重。会计信息化实现后，数据的校验检查、加工处理、传输、存储、检索和输出工作，都可以通过计算机自动、准确、快速地完成。同时，它也大大提高了会计工作的效率，使会计信息的提供更加及时，众多财务会计人员也能因此从沉重烦琐的算账、记账和报账工作中解脱出来。

2. 促进会计工作规范化

就目前状况来说，我国会计基础工作仍不发达，具备较扎实的会计基础和业务处理规范是会计信息化得以实施的前提条件。实施会计信息系统，会相应地要求会计工作人员按照会计软件规定的流程和要求，对会计软件的功能进行规范化、标准化的操作，客观上有助于解决手工操作不规范、容易疏漏等问题。因此，会计信息化过程的实现，也有利于会计工作的规范化、制度化、规范化。

3. 提升会计信息的全面性、及时性和准确性

如果企业会计核算是手工操作进行的，那么它将很难适应企业经济管理在信息的系统性、及时性和准确性等方面的需要。在实现会计信息化后，可以得到及时准确的会计信息的输出，即根据管理的需要，可以按照年、季、月和日、时、

分时间上的划分，提供实时核算信息和分析信息。并且通过企业"内联网"的建立，企业任何管理部门都能快速获取会计信息系统中的数据，使经营者能够及时掌握获取企业最新信息情况及存在问题，并采取相应措施。

4. 奠定现代化管理的基础

现代社会企业不仅在生产技术水平上需要进行相应的提升，还要实现企业管理的现代化，在提高企业经济效益的基础上，使之具有竞争力。会计工作是整个企业管理工作中的重要组成部分。在企业管理信息中，会计信息占到总体的60%~70%，且许多指标都具有综合性的。会计信息化的实现，将为企业管理的现代化提供重要的基础，管理现代化的实施速度也随之得到相应提升。

第二节 会计信息化的发展

一、会计信息化的发展历程

（一）会计信息化的产生和发展的条件与动力

1. 知识经济是会计信息化产生的外部条件

知识经济以知识和信息的生产、分配和使用为基础。企业会计为了生存和发展只能顺应当下的时代潮流，运用先进的网络、计算机和电子商务等电子信息技术，才能满足知识经济对财务信息的要求，对传统会计进行改造，提高财务信息处理发布与输出的速度，提高财务信息质量。

2. 企业信息化是影响会计信息化的外在动力

第一，会计信息系统所占企业管理信息系统中总体信息量的70%以上，并且是管理信息系统的重要子系统。因而，会计信息化作为企业信息化的核心内容，在激励、促进企业信息化建设的过程中，具有极其重要的作用。要想实现企业信息化建设，需要建设会计信息化，无法实现会计工作的信息化，企业管理的信息化也就无从论及。第二，与企业信息化的发展要求相对应的是未来会计信息系统应该是开放性的，能够运用网络技术进行信息的接收和发送，达到内部和外部数据的交互共享，为其他相关部门及行业提供全面综合性信息服务。但是，现有的会计信息系统大多不符合这些要求。所以，要推进企业信息化的发展建设，必须先建设会计信息化。

3. 会计信息失真等现实问题是会计信息化产生的直接原因

会计信息失真导致国家制定的各项经济政策缺乏真实、可靠、客观的依据，也使得企业内部管理者的经营行为缺乏针对性和有效性，对资金总量和财务成果表现出来的清偿能力和变现能力也缺少正确认识。为了解决这些问题，许多专家和业内专业人士开始关注会计信息化。

4. 现代信息技术与传统会计模型之间的矛盾是会计信息化产生的内在因素

信息社会的社会经济环境和信息处理技术都发生了重大变化，这就要求会计人员对此做出充分反应及采取相应的措施，否则将阻碍社会经济的发展与文明的进步。传统的会计模型是工业社会的产物，适应了工业社会的经济条件和人工信息处理技术，但其处理程序和规则却无法与现代信息技术相协调和适应，信息社会要求的会计核算、管理、决策也无法满足。

（二）会计信息化的发展演变

尽管起步较晚，但我国会计信息化发展速度较快。从会计信息化的应用与组织管理、会计软件市场的发展等方面，可以将我国会计信息化的发展过程分为会计电算化和会计信息化两个阶段。

1. 会计电算化阶段（1978—1998 年）

我国大部分学者根据研究的理论特点，将这一时期的会计信息化分为两个阶段：前十年是在会计电算化的理论基础上构建起来的，其中包括会计电算化的内容和会计核算软件领域的单项应用研究；后十年工作重点是一般是关注对商品化会计核算软件的整体研制开发、评审与推广，以及对会计软件市场发展的研究。

（1）会计电算化的试验探索及无序发展阶段（1978—1988 年）

1978 年，财政部拨款给长春第一汽车制造厂，率先实施计算机辅助会计核算试点工作。这是我国第一个开展的计算机辅助会计核算实验，此后，全国范围内的企事业单位开始逐步推进电子计算机在会计工作中的应用。1981 年 8 月，在财政部、第一机械工业部、中国会计学会的支持下，中国会计学会与中国人民大学、长春第一汽车工业联合举办了"财务、会计、成本应用电子计算机问题研讨会"，其中引入了"会计电算化"的概念，标志着我国会计电算化进程的开始。杨纪琬先生出席了这次研讨会，他是我国第一位支持和推广会计信息化的人。我国当时还处于改革开放的初期，工作目标的重心是恢复、健全完善会计核算制度，计算机应用处于起步阶段，信息处理技术相对比较落后，设备和专业人才严重不足。然而，在整个 20 世纪 80 年代的十年间，关于会计信息的理论研究相对较少，会计信息的发展速度相对迟缓。当时，学术界的学者们主要以专著的形式研究会计信息。期间的主要代表作包括中国第一部会计信息专著、中国人民大学王景新教授撰写的《会计信息系统的分析与设计》和《电子计算机在会计中的应用》。1987 年 11 月，中国会计学会成立了会计电算化研究小组，会计电算化理论的相关研究开始得到重视。

(2) 会计算化的有序发展阶段（1989—1998年）

随着会计电算化进程的深入，人们对加强组织、规划和管理的要求越来越高，各地区、各部门逐步开始组织管理会计电算化工作。1989年以来，财政部对会计电算化进行宏观管理，制定实施了《会计电算化管理办法》和《会计电算化工作规范》等一系列管理制度，会计软件市场基本形成并逐步走向成熟。20世纪90年代中后期实行"两则""两制"和全国范围的会计师大培训，以及实施会计电算化初级上岗证的出台，使我国会计电算化事业取得了飞速发展。

在此期间，会计信息化的理论研究也有了很大突破性进展。袁树民此前就阐述了会计信息系统作为一个完整的系统，应包括会计核算、会计管理和决策支持三个子系统，并且进行电算化会计系统的设计时，也要贯穿系统分析、系统设计、系统实施及系统运行与维护四个阶段的生命周期法才能实现。

2. 会计信息化阶段（1999年至今）

随着信息技术的发展和会计电算化工作进程的深入、会计电算化和信息技术的进一步融合、企业资源规划（ERP）和网络财务的广泛应用，会计电算化进入了会计电算化阶段。

(1) 会计信息化的探索（1999—2002年）

在20世纪90年代，信息技术的广泛应用推动了全球经济一体化进程，在此期间企业的竞争环境亦有巨大的转变，企业管理者希望在生产运营方面实现利益相关者的联合协作，并通过利用ERP和电子商务获得竞争优势。因此，ERP的发展研究及应用都开始受到高度关注。

1999年4月2日，深圳市财政局会同金蝶国际软件集团（以下简称"金蝶公司"）在深圳举办了"会计信息化理论专家研讨会"，就会计电算化的发展等问题进行了深入探讨。这也成为了会计电算化向会计信息化理论转变中的一个重要里程碑。金蝶公司还在这次会议中提出了从会计电算化转向会计信息化的观点和思路，认为传统的会计信息系统是模拟手工会计的类似物，是企业内部的信息孤岛，远落后于现代信息技术的发展；而会计信息化是基于现代信息技术对传统会计进行整合之后，再建立开放式的会计信息系统。该系统以此为基础的同时，充分利用现代信息技术，能实现高度的处理自动化和信息交互共享，并主动、实时报告会计信息数据。这次会议上提出了会计信息化的概念及其意义的重要性，标志着我国会计信息化的开始。

2002年3月，软件开发公司用友网络（以下简称"用友网络"）为推广ERP-U8在京举办了"选成熟ERP，提升企业竞争力"的市场活动，活动巡展范围覆盖全国 60 余个城市，掀起了全国中小企业应用 ERP 的热潮。

（2）会计信息化的初步应用（2002 年至今）

随着会计信息化软件在企业的广泛应用，中国会计理论界对会计信息化理论也开始进行更加有效的深入研究。自 2002 年以来，中国会计学会已定期召开 20 余次会计信息化年会，并不断推进会计信息化理论深入探讨。与此同时，我国政府还积极出台推行一系列政策制度，旨在促进会计信息化及相关软件产业的发展。2002，管理信息化的核心是引进现代信息技术，把先进的管理理念和方法引入管理过程，提高管理效率和水平，促进管理创新。ERP（企业资源计划）、SCM（供应链管理）、CRM（客户关系管理）等综合管理信息化系统覆盖整个生产经营过程，需要高水平的管理规范基础和不同管理操作之间的协同作用，实施这些综合系统将显著提高企业管理水平。因此，推进管理信息化是促进企业管理创新和各项现代化管理工作升级的重要突破口。企业内部各单位应使用统一的财务管理软件，使财务会计部门能够同步获取采购、生产、销售等各部门各种业务活动的信息，并通过实时核算，以提高会计核算速度。2002 年以来，财政部门已允许地方政府对各单位实行备案制而不再是组织应用验收，这促进了会计信息化的发展。

2004 年 9 月 20 日，国家质检总局和国家标准委员发布了《信息技术—会计核算软件数据接口》（GB/T 19581-2004）。这一标准规定了会计核算软件的数据接口要求，为会计核算软件与其他信息系统之间的数据交换创造了条件，为会计信息系统的开发奠定了基础。而财政部 2009 年 4 月 12 日颁布的《关于全面推进我国会计信息化工作的指导意见》，为全面推进我国会计信息化工作做了进一步部署，使我国的会计信息化达到或接近了世界先进水平。

2010 年 10 月，财政部发布了《企业会计准则通用分类标准》。实施通用分类标准是继我国颁布会计准则与内部控制规范标准之后，我国又一项重大系统工程，它标志着我国基于 XBRL（可扩展商业报告语言）应用的会计信息化时代的开始，是我国会计信息化发展史上的又一个具有重要意义的里程碑。同年 12 月，财政部下发《关于实施企业会计准则通用分类标准的通知》，将中石油等 13 家企业和立信等 12 家从事 H 股企业审计业务的会计师事务所，纳入首批实施通用分类标准的企业。

"十三五"期间，财政部以创新引领会计信息化、助力会计工作转型升级为目标，有序推进各项会计信息化工作：推动企事业单位会计信息化工作转型升级、推动企事业单位会计信息系统与业务系统的有机融合、推动会计工作的创新发展并深化会计资料无纸化应用实践。

2021 年 12 月，财政部印发了《会计信息化发展规划（2021—2025 年）》，提出了符合新时代要求的国家会计信息化发展体系，明确了"十四五"时期会计信息化工作的 6 个具体目标和 9 项主要任务，是做好当前和今后一段时期会计信息化工作的具体行动指引。

40 年的发展历程，让财务软件已成为我国应用软件领域中除操作系统外销售量和客户量最大的产品，使得具有商品化、通用化特点的财务管理软件得到最大限度的应用，形成了国产会计软件市场的初步繁荣，普及会计信息化基本知识，培养一大批了解计算机、熟悉会计业务的专业人才，因此促使了大部分企业摆脱了手工账簿，提高了企业的经营和管理的效率。

二、会计信息化的发展展望

（一）会计信息化发展的主要任务

随着社会经济的发展和科技的进步，我国越来越多企业开始意识到会计信息化的重要性，企业会计信息化的覆盖率及升级率迅速扩大，会计信息化水平也在不断提高，并且已成为企业管理现代化的一个重要方面。会计信息化不仅促使企业财务信息的处理更加快捷和管理规范，而且使大多数会计人员摆脱了繁重的手工抄录和计算，为加强财务会计管理、实现企业管理现代化创造了有利条件。

全面推进我国会计信息化的主要工作任务包括以下几方面。

1. 推进会计管理和会计监督信息化建设

第一，建立会计人员管理系统制度，为会计人员的后续教育培训提供一个新的平台，并在全社会范围内实现会计人员的动态管理；第二，在全国范围内逐步实施无纸化考试，来提高会计从业资格管理工作的效率；第三，在会计专业技术资格考试实施过程中推进信息系统的应用，完善专业技术资格考试制度，有效防止考试过程中产生的作弊行为；第四，完善注册会计师行业的管理系统及制度，建立专门的行业数据库，对注册会计师的注册、人员调动与转所、事务所审批、业务报备等进行网络化管理；第五，推动会计监管手段、技术和方法的不断更新，并利用信息技术提高工作效率，不断改进会计管理和会计监督水平。

2. 推进会计教育与会计理论研究信息化建设

一是建立会计专业教育培训系统，对会计专业的学历教育情况进行实时反映和评价，掌握会计专业人才的教育培养状况，以及社会对会计专业人才的需求，改进完善教学方法和内容，提高会计专业毕业生的素质，尽可能地满足社会需求；二是搭建会计理论研究的信息平台，及时发布和传播最新的会计理论研究态势，定期统计、推介和评估有价值的会计理论研究成果，指导和规范会计理论研究，将科研成果转化为生产力，为会计改革和实践提供服务。

3. 推进会计信息化人才建设

其一，在知识结构和能力培训的范围内，完善加强会计审计制度和相关人员能力框架，尤其是注重信息技术方面的内容和技能，并提升利用信息技术从事会计审计和相关监管工作的能力；其二，要加强会计审计信息化专业人才的培养，重点打造一支熟悉会计审计准则、内部控制规范制度及会计信息化的复合型专业人才队伍。

4. 推进统一的会计相关信息平台建设

为了实现数出一门、资源共享的目标，应在企事业单位会计信息标准化的基础上创建一个统一、规范的会计信息平台，可供投资者、监管部门、社会公众和中介机构等相关方面可利用其进行有效的分析和使用。此平台应包括数据收集、传输、验证、存储、检索、分析等模块，并应具备会计相关信息查询、分析、检查和评估等多种功能，为会计监管等相关方面预留接口，提供数据支持。与此同时，在建立统一的会计信息平台的过程中，信息安全问题应该得到足够重视。

（二）会计信息化的发展趋势

1. 会计信息化的纵向延伸

（1）由核算型向管理型发展

管理型会计软件不仅要满足企业日常会计业务核算的需求，而且还要满足管理者对企业生产经营活动的管理、决策需要。企业管理本身就是一个完整的决策过程。在会计核算的基础上，增加了一些查询检索功能和报表分析功能。虽然它可以在企业管理进行决策时起到辅助作用，但它通常只为管理者提供一些制定决策所需的信息，而对于后续协助管理者制定、构建分析出可行的方案，确保决策的顺利实施和执行，以及评估决策是否具有正确性都没有涉及。企业财务管理也仍旧是原来的事后核算方法，无法对事前预算和事中控制进行有效控制。因而从这方面来看，开发管理型会计软件尤为重要。

（2）向开放式网络型发展

以整合企业电子商务为目标的网络财务软件，在互联网环境下可以提供相应的财务模式和运作方法。网络会计软件提供基于全面会计核算与企业级财务管理，实现购销存业务处理、会计核算和财务监控一体化的综合管理，允许为企业经营决策提供预测、控制和分析业务决策的手段，能够有效控制企业的业务成本和经营风险。

(3) 将建立 ASP 商务服务

ASP, 即应用服务提供商, 它通过互联网为企业提供所需的各种应用软件服务。其中 ASP 致力于以网络软件服务为核心对企业提供托管服务, 以及替企业用户提供主机服务、管理和维护应用程序。为了使企业能够便捷地使用这些服务, 它们只需要终端电脑设备和浏览器, 这使得中小型企业更容易开展电子商务活动。并且 ASP 提供的应用环境不需要客户对服务器、软件开发和其他资源预先进行投资, 只需要与软件供应商签订契约性租赁协议, 就能获得软件使用许可, 至于信息化管理, 企业只需支付少量成本费用（租金）即可。

(4) 向智能型方向发展

目前, 会计信息系统按照预先设定的程序与方法处理数据, 缺乏自动判断和分析能力。智能会计信息系统将以计算机语言来表达人类的知识、经验、创造性思维和直觉判断等, 并充分利用现有信息和专家知识库辅助企业进行预测或决策。

智能分析型财务管理系统是基于财务管理系统并不断发展的一种能够对财务分析功能进行自动化操作处理的管理系统, 能支持不同管理层级、需求对象实时的需求。它的主要功能是支持数据库的应用, 能够实现联机分析处理（OLAP）智能在线数据挖掘分析, 其中包括编写更详细、实时的财务报表, 提供支持主要财务指标的分析功能, 如支持财务状况结构分析、财务状况比较分析、损益结构分析、财务状况趋势分析、损益比较分析、损益趋势分析、现金流量结构分析、现金流量比较分析、现金流量趋势分析等。

2. 会计信息化的横向拓展

(1) 将融入 ERP 系统中

ERP 系统是一个以销售管理为主体, 以生产计划系统为核心, 整合供应链系统与物料需求计划系统的一个综合的企业管理系统。然而纵观整个 ERP 系统, 各个系统是融会贯通的统一整体, 会计信息系统将逐步融入其他业务管理系统中, 实现会计与业务融合的一体化, 特别是凭证处理环节, 可能完全被整合到其他业务管理系统中去, 原因是会计数据源于企业的业务管理系统。因此, 业务管理系统几乎可以生成所有的会计凭证。企业的财会人员也不仅要核算和审计账目, 而且将参与企业管理的各个方面工作, 真正实现企业资金流、物流、信息流的统一与同步。

(2) 计算机集成制造系统 CIMS

随着企业规模和效益的发展, 大多数大型企业集团不再使用通用软件, 而是结合企业的特点获取生产工艺（生产线）生成的实时数据，并将其立即转移到企业管理层，再转入企业决策支持层，从而使企业能够形成一个实用的 CIMS 信息集成系统。

第二章 面向企业应用的会计信息系统

随着时代的不断发展，信息技术的发展已成为企业强有力的控制和管理工具，使以面向企业应用为中心的会计信息系统成为整个企业管理信息系统的有机子系统。

第一节 面向企业会计信息系统与业务系统

一、面向企业会计信息系统的目标定位

（一）会计信息系统目标的两种主流观点

在研究会计信息系统的目标时，通常有两种较为主流的观点：决策有用观和受托责任观。

1. 决策有用观

（1）决策有用观的基本内涵

决策有用观是美国财务会计准则委员会在其财务会计概念框架中的一次创新，给决策提供了有益的帮助。这一观点目前已成为财务报告目标研究的主流核心观点，美国财务会计准则委员会在《财务会计概念公告》第1号公告中关于财务会计概念中决策有用观的看法包括以下几点：第一，财务会计与财务报告的目标具有一致的趋同性。会计是主要提供财务信息的经济信息系统，财务报表是最终向外部传递信息的重要手段。财务会计的目标与财务报表的目标相互影响，财务报表的目标通过财务会计中采用的一系列程序和方法对财务报表各项要素的确认、计量、记录和报告有直接影响；第二，财务报告应提供对投资者有用的信息，使当下现有与潜在的投资者能够做出理性的投资和信贷决策；第三，财务报告应当帮助现有和潜在的投资者、债权人和其他财务报告的用户评估来自销售收益、偿付到期证券或借款的实得收入金额、时间分布和相关不确定性信息；第四，财务报告应提供包括企业的经济资源、对这些资源的要求权，以及对这些资

源的要求权发生变动的交易、事项和情况的信息；第五，通过权责发生制基础上获得的企业利润方面的信息，可以作为衡量企业获得现金净流量的现时和可产生持久能力的指标，比单纯基于现金收付的财务状况更为有用。

在决策有用观下，投资者、债权人和政府相关机构等将使用财务报告信息来做出各自的决定。特定企业的财务状况、经营业绩与现金流量具有不同程度的决策相关性。

（2）决策有用观的局限性

决策有用观视野的局限性在于，只有在通过发展资本市场并达到发达的情况下，决策有用观才能在会计信息与信息的使用者间建立密切的联系，并对会计理论进行更有针对性和方向性的研究。但纵观我国当前资本市场的发展现状来看，不能不注意到这样的问题：由于存在大量的非流通转让股，我国资本市场在企业资本筹集过程中还没有发挥实质性作用，企业的经营活动也未完全将资本市场作为导向，而许多潜在投资者仅通过会计信息对上市公司有初步了解，更不用说作出决策了。

2. 受托责任观

（1）受托责任观的基本内涵

从受托责任观呈现的角度来看，在所有权与经营权分离的情况下，财务报告的目标是反映受托人履行委托责任的情况。受托责任观的概念强调了会计信息的可靠性和历史性。受托责任观的概念建立在委托代理关系的基础上，随着时代的发展和推移，它的含义也有所不同。目前公司治理的"利益相关者观"愿景逐步传播扩散和发展，受托责任的内涵也逐渐延伸扩大到"社会责任"。基于公司治理背景下，受托责任观概念的基本内涵可以概括为三点：第一，委托代理关系的存在是受托责任观概念的基石，作为委托代理关系的一部分，受托方接受资源投入方的委托，并承担合理管理和使用受托资源的责任，以确保在保值的基础上实现增值；第二，受托方有义务向委托方如实报告、解释说明受托方履行受托责任的过程和结果；第三，公司治理通过丰富内涵和扩大外延，公司受托者还承担向企业利益相关者报告社会责任情况的信息。

（2）受托责任观的局限性

受托责任观概念的局限性在于它强调会计系统与制度的整体完整性，因为只有完整的会计系统和制度才能保证会计实务的正确性。但是，会计系统和制度的内容相对复杂；一旦在实务中出现难以追溯的问题根源，也会难以达成统一的局面。在会计处理上，由于受托责任观概念强调客观性而非相关性，因此有必要采用历史成本计量模型。尽管历史成本模式自有其优势，但作为一门服务学科，会计应始终注意适应经济环境的变化，忽视市场变化只会弱化其服务功能，使会计学科一味地局限于墨守成规；关于会计信息方面，受托责任观概念较少考虑资源客户以外的信息要求。依照这种想法，会计人员通常很难理解潜在投资者的利益和需求，人们也很容易逐渐失去改善会计信息的积极性，也较难进一步提高会计信息质量。

（二）我国企业会计信息系统的目标定位

上述对会计信息系统目标探索的两种观点的描述表明，受托责任观点和决策有用观都是符合时代需要的，有其自身独特的历史背景。因此可以得知，环境决定了企业会计信息系统目标的定位。企业会计信息系统的目标必须随着环境的变化进行相应的调整，否则会计信息系统功能就会被削弱。由上述描述可见，在选择企业会计信息系统的目标时，我们不能在脱离企业所在的经济环境情况下对这两个学派的优缺点进行简单比较。作为一个主观范畴，会计信息系统的客观性只有与客观环境相结合才能体现其意义。

1. 经济环境分析

由于会计信息系统的目标与环境条件密切相关，我国企业在选择会计信息系统的目标时需要分析其经济状况及环境。会计信息系统的目标研究主要基于西方企业所处的经济环境背景展开的，而我国企业目前所处的经济环境有其特殊性。具体表现在以下几方面。

经济改革的进展增加了以民营企业为代表的非国有企业在国民经济中的份额。这些企业在产权问题上也有其特殊性，这主要是因为非国有企业通常采用家族式管理的企业经营理念。在这种家族式管理方式中，企业的所有者和经营者经常是合并在一起的。因此，这使得基于两权分离的委托代理关系变得非常模糊或不存在。在产权关系非常模糊不清的情况下，需要进一步研究受托责任是否可以作为企业会计信息系统的目标。

我国企业经营的经济环境十分复杂，尤其是因为我国正在经历经济转型阶段。一方面，国有企业都正在实行现代公司制度的改革，企业的组织形式也采用公司制，产权关系日益明确，因此其所处的经济环境在一定程度上类似于受托责任观的产生背景。另一方面，我国已初步建立起社会主义市场经济体制，企业经营管理以市场为导向，因此也面临着比计划经济时期更多的不确定性因素。与此同时，国家金融改革通过企业股份制的引入，促进了资本市场的快速发展，也使得企业与资本市场彼此间的联系更加紧密，扩大了企业会计信息需求者的要求范围，并由此导致了企业委托代理关系出现两种趋势并存的现象，即委托代理关系的明朗化和模糊化。由此可以看到，我国企业经营环境的特征是兼有两大学派产生背景所创造出来的特点，这也导致了难以对企业会计信息系统的目标进行准确定位。

2. 目标定位

对我国经济形势进行分析可以得出这样的结论：受托责任观和决策有用观在中国都有各自适用的环境基础。然而，由于我国的公司制度尚未达到成熟阶段，存在适用环境基础薄弱的情况，委托代理关系总体上的比例仍相当模糊，资本市场仍处于早期发展的起步阶段，远未达到繁荣阶段。而作为连接企业与外部环境纽带的会计信息系统必须与环境相适应，这就意味着我国企业会计信息系统的目标定位必须在受托责任与决策有用中取得平衡，会计信息应在需要进一步考虑两者地位时，必须坚持遵循可靠性和有用性原则。如上所述，目标是一个层次性体系，现在亟须解决的问题是受托责任和决策有用在这个体系中占据什么位置。在西方经济发展史上，企业公司制的发展先于资本市场，正是经济资源所有权与经营权的分离为资本市场的发展奠定了基础。同时，能够真实、可靠地反映企业的财务状况和经营成果也是会计的基本职能之一；如果会计信息失去了可靠性，尽管它可能对决策有用，但与会计作为一种社会职能的宗旨（总体目标）相违背。因此，真实反映受托责任履行情况始终是会计工作的基础。

虽然受托责任是会计信息系统目标体系的核心基础，发挥着非常重要的作用，但会计的目的和宗旨是促进社会经济效益的提高。为了提高社会经济效益，需要提高企业的经济效益，也只有企业经营者、投资者、债权人等信息使用者做出科学合理决策才能顺利实现。因此，提供有利于决策的信息无疑比简单如实反映受托责任的意义更为重要。考虑到只有通过科学决策才能在不可预测的市场中找到生存空间，而科学决策是建立在大量而有用的信息基础上的，因此在随着我国资本市场快速发展、公司股份化进程加快，以及上市公司数量的不断增长和经济全球化的状况下，企业为当前现有的和潜在的信息使用者，提供有用的决策信息变得更重要。

综上所述，在企业会计信息系统的目标体系中，受托责任是企业的根本目标和制定体系制度的基础；决策有用是基于受托责任所做的决策，这对实现公司会计信息系统的目标至关重要，因此是该体系的核心；同时，企业的最终目标是实现上述的会计总体目标，受托责任和决策有用在其引导和控制下为其服务。因此，这三个目标就形成了一个层次化的目标体系。目前，我国企业在开展会计信息系统目标定位的同时，应注意目标体系结构建设的完整性——在系统中不能选择单独的某一目标，否则就会导致企业会计工作的片面性，不利于会计职能的充分发挥。正确的做法是考虑到企业所处的经济环境需求再来确定中心目标。鉴于我国当前经济环境和形势的特殊性，企业会计信息系统的目标应以强调受托责任为基础，以注重决策有用为核心目标。

二、会计信息系统与业务系统的关系与数据连接方式

（一）会计信息系统与业务系统的关系

会计信息系统主要处理企业经营过程中价值运动所产生的数据，这不同于业务系统主要管理实物资产流动。但会计信息系统的相关功能与业务系统的功能是相对应的，业务系统提供的业务数据必须作为会计信息系统的原始数据来源。会计信息系统从业务系统中获取相应的业务信息和数据，因此会计人员借助于会计信息系统使用自己的方法和规则，通过财务报表或者其他报表的形式向会计信息使用者确认、计量和记录、分类和汇总企业的经营成果数据和财务状况，并向会计信息使用者传递报告。

会计信息和业务信息都记录了企业经济的经营过程。会计信息一般以货币计量的方式，按照会计方法对经济活动产生的原始信息进行归集和整理汇总。业务信息通常记录的是企业经济活动产生的原始信息。显然，会计信息和业务信息具有相同的记录对象，它们都是经济活动过程。

面向部门的会计信息系统和业务处理系统并没有紧密结合。此时，业务系统与会计信息系统间的交互主要是基于业务系统生成的手工传递业务单据实现的。上述业务系统与会计信息系统间的连接是受人工控制的连接，这种类型的业务系统与会计系统之间无法做到实时连接。由于手工传递数据受人工控制不能做到及时处理，也使得会计信息系统无法及时处理业务数据并反映财务状况，导致会计信息与业务事件不同步，这是会计部门应用会计信息系统的一个显著特点。相对于企业的整体管理来说，面向会计部门应用的会计信息系统一般会容易产生"会计信息孤岛"。虽然一些会计软件系统已经扩展增加了与业务系统进、销、存部分的接口，通过被称为"业务财务一体化"的系统的自动转账实现业务系统与会计系统间的连接，就可实现会计与业务处理的同步工作。不过一旦进行深入研究，便会发现这种软件系统的业务系统生成的转账凭证仍然需要人为操作控制才能执行某个功能，才能传输到会计信息系统中进行过账等处理。这种人为控制将阻碍了业务系统与会计信息系统之间的连接，这个系统本质上无法在业务系统与会计信息系统间建立实时连接，它也不是真正的"业务财务一体化"的软件系统。

（二）面向部门会计信息系统与业务系统的数据连接方式

面向部门应用的会计信息系统一般由 5 个子系统或模块组成，包括账务与报表处理、应收账款、应付账款、固定资产和成本费用。这 5 个子系统本身相互集成、具有综合性，账务与报表处理系统主要侧重于账务处理（包括报表处理、生

成和分析），其余 4 个子系统处理具体明细的会计数据，通过转账凭证自动或人工控制将汇总信息传递到账务处理模块（也称总账模块）。此外，还有的会计软件将应收账款和应付账款合并为一个往来核算系统。一般来说，狭义上的会计信息系统与业务管理系统是完全相互独立存在的，但随着企业管理水平的不断提高，会计部门应用的会计信息系统会要求将二者连接起来。鉴于当前部门应用的会计信息系统与业务系统的连接方式，一般有两种方法。

其一，会计处理与业务系统是分离的，没有实时的紧密连接，它们是通过单据在企业财务部门与其他内部业务部门之间的文件传输和审核来完成的。这需要具备专业知识的财务人员分析业务，编制相应的会计记录，制作会计记账凭证并将其输入会计信息系统。

其二，在业务事件发生时，业务部门的进、销、存系统可以自动生成会计记账凭证。但当前的会计记账凭证不能自动实时传输到会计信息系统中，必须手动传输到会计信息系统进行记账处理。这种人为的干预和控制使得面向部门的会计信息系统无法实现与业务系统的实时集成。同时该连接方式相对应的计算机会计信息系统的设计原理和会计处理流程也没有改变，也可以说它们还是以财务部门的综合业务集成系统为基础的，只是这时系统中传递的记账凭证为电子数据形式，而不是纸制形式。

三、财务业务一体化

（一）财务业务一体化的概念

财务业务一体化是指基于网络平台对企业实现财务会计信息处理和生产经营业务方面的信息进行协同处理和监控的过程，其中主要涉及采购、销售、库存、生产等方面的信息。财务业务一体化还可以实现将资金流、信息流和货物流集成合一。在采购、出入库、销售等业务完成过程中注意生成相关财务信息，以便及时、准确地为信息需求者提供财务、供应链和生产等各方面信息。

财务业务一体化的核算与管理方法模式是以会计信息与业务信息的整合为基础的。以此为基础，通过财务部门与业务部门的有效沟通，使用财务方法对业务过程进行事中控制。这种核算与管理模式整合了会计和业务数据，极大丰富了财务分析信息。

（二）业务与财务一体化处理流程

每个业务处理流程的处理程序构成了这个流程的业务处理系统。每个业务系统（模块）都高度集成到财务处理系统中，财务子系统从其他业务子系统获取信息的同时，还可以将信息传输到其他子系统中进行数据交互。从会计信息系统的角度来看，业务与财务一体化的处理流程可以抽象地看作是 4 个主要组成部分，即输入、处理、存储和输出。

1. 输入

输入是从业务处理系统获取相关信息的过程，是业务处理系统开始运行的过程。这些信息主要来自业务发生时形成的各种原始文档信息，例如客户订单、购货（销售）发票、购货订单、职工劳动计时卡及银行存（收）款通知等。这些原始文件也称为原始凭证，它是业务处理系统输入操作的实物凭证，可以作为处理各种不同系统中相关业务时所需的数据依据或来源。

2. 处理

处理是企业业务流程至关重要的中心环节。每个处理流程需要处理的业务内容不同，这就决定了其处理的具体方法也不同。在账户登记流程中，主要的处理方法是在有关账户内记录因交易量增加或减少而引致的变动；在其他流程中，进行处理的主要做法是在有关的登记簿中记录相关事项的材料数据。因此，处理流程既包括使用日记账，也包括对登记簿的使用，这样就可以形成一个永久性的按业务发生的时间顺序排列的输入数据。输入操作可以在简单的人工系统中手工记录，还能通过数据操作员使用个人电脑记录输入。

在日记总账核算组织的程序下，建立日记账已成为一件较为常见普遍的事情。需要加强控制的都可以设计成日记账，并在相关流程中设定。这些流程可以直接在业务处理过程中记录，这不仅可以及时反映所发生的经济业务，还可以促进业务处理上的分工，促进各流程间的相互控制。因此，日记账记录已成为处理系统中的一项重点关键内容。

日记账用于财务数据的记录，它提供按时间顺序排列的财务处理记录。与记账凭证核算组织程序、汇总记账凭证核算组织程序和科目汇总表核算组织程序等核算程序相比，日记总账核算组织程序的最大特点是简化了会计凭证的填制。由于反映记账凭证内容的专栏已在日记账中进行了设计，因此编制会计分录可与登记日记账同时进行。因此，这样就可以省略在手工会计处理系统中另外编制记账凭证的环节，也意味着企业所做的业务可根据相应的原始凭证文件直接记录在日记账中。

企业在经营过程中进行业务处理时普遍常使用的专用日记账包括库存现金收入日记账、库存现金支出日记账等。一般来说，这两类日记账通常与独立的总日记账一起搭配使用，提供一套完整的日记账簿系统，它不仅能够总体详细地反映企业发生的所有业务。根据业务量的大小规模和人员分工情况，可以在库存现金收入日记账和库存现金支出日记账这两个领域之间单独设置或合并设置。

当然，不同企业需要设置不同的日记账。由于财务信息在整个会计信息系统中占有重要地位，专用日记账的开发设计成为会计系统设计中最重要的阶段步骤之一。正确设计专用日记账可以避免大量过账错误，并便于轻松获得主要交易的总额。此外，它还可以节省操作员在记录或输入日记账时的时间和精力，并有效地发挥各日记账间的传递媒介功能作用。

日记账数据源于业务开端，销售订单、商品装运单、货物出入库单等单据文件作为业务环节检验业务真实性单据，必须留存完整。

3. 存储

存储意味着对存储处理流程中产生的各类数据进行保存。在会计信息系统中，人工数据处理系统、计算机数据处理系统，以及分类账和文档文件都是重要的数据存储载体。

（1）分类账

为了存储不同数据处理流程而生成的数据，企业除了设置不同的各种日记账和日记总账外，还必须设置诸如应付账款/票据分类账和应收账款/票据分类账等分类账，以记录获取那些在日记总账记录中未能反映的业务内容。在账户记录过程中，日记账记录以原始凭证为基础所做的初始记录，并最终过入各分类账和日记总账中。因此，日记总账或分类账中的记录是提供总结企业财务会计处理的最终账户记录的汇总情况。所发生的现金收入、现金支出、采购、销售、生产、财务，以及应付账款/票据和应收账款/票据的所有账务处理都必须记录在日记总账和分类账中，并且每一个处理都应有借贷科目的输入。归根结底，所有的日记账记录最终过入日记总账的过程称为过账。过账的目的是便于归集和汇总所有类别的数据，并根据试算平衡核实检验日记账记录的正确性。

（2）文档

文档是指一组有组织的数据集合。主要包括下以几类。

①交易文档。交易文档是交易分录输入操作的数据集合。交易文档（数据）是实时记录每笔交易情况和状态的明细数据。例如，由于客户订购的货物已发运给客户，处理销售订单的流程必须及时更新数据库中客户订单的记录；客户向企业付款后，应收账款处理流程应立即更新数据库中相应的数据记录；按时间记录的与赊销业务有关的日记账也可视其为交易文档。

②主控文档。主控文档主要包含统计汇总数据。虽然同一客户可能有多次销售，但在处理交易数据之前是一无所知的。在将销售交易过账到应收账款分类账后，可以汇总针对某一特定客户的销售数据情况。此处理过程可将数据转换为聚合起来的信息。因为对企业管理层来说，他们通常长期对销售总额、应收账款总额等汇总数据及主控文档信息更有兴趣。

③参考文档。参考文档也称为表单文档，包含了数据处理所需的数据，并为

数据处理提供规则、标准或依据。常见的参考文档为公司汇率表、职工薪酬税率表、主控报价单等。

4. 输出

一个业务处理系统囊括很多输入和输出。系统中生成的任何一个文档都属于输出,但有些文件既是输入文件,又是输出文件。例如,客户发票处理不仅包括将客户文件输入销售订单处理系统,也包括将账单处理系统、仓储系统等应用系统由销售订单系统输入完成。其他比较常见的业务处理系统包括试算平衡表、财务报表、营运报告、薪金支票、提单和付款给卖方的付款凭单式支票等,以满足企业管理层和其他财务会计信息使用者的不同需要。

试算平衡表表明所有日记账和分类账中各账户余额,并可用来检验核实这些账户记录是否准确。因此,它是构成财务控制和编制财务报表进行下一步的基础。财务报表汇总业务处理的结果,并说明这些结果是否符合财务报告准则要求的一致性。在企业会计核算组织系统中,通常的财务报表是资产负债表、利润表(损益表)和现金流量表。这些报表是企业财务报表,主要用于对外部信息的用户报送会计信息。这些报表还包括其他财务报表和文字文件补充,主要用于详细说明上述报表中的数据情况,以满足企业管理层和其他财务会计信息使用者的不同需求。

营运报告是一个企业营运的基础,为企业经营提供依据。它用统计或对比的方式汇总交易处理的结果,对已接收货物、被订购货物、接受客户订单和其他类似行为进行汇总的报告。营运报告的性质和内容最后取决于企业的性质和交易行为的处理。

(三)财务业务一体化的作用

1. 充当了管理控制的基础

财务业务的一体化不仅实现了会计信息和业务信息的一体化,而且为财务管理控制开展奠定了基础。从各种业务信息中获取成本信息,并进行成本预测和分析;在业务流程的各个环节设置资金控制点,实现真正的节约资金成本、提高资金使用效率;全面解决预算跟经营目标衔接,保证了经营的健康持续性;获取更完整、更详细、更准确、更及时的管理决策信息。

2. 延伸了数据处理的及时性与起点

企业会计信息系统的实施以会计凭证的数据处理为基础和起点,而财务业务一体化的集成将信息系统中的数据处理起点阈值扩展到了业务处理,同时提供财务信息的获取和处理,进而提高了数据处理的及时性和准确性,实现财务信息和业务信息的协同处理和监控。此外,财务业务一体化促进了业务数据向财务数据的更快过渡,完成了财务数据的采集和处理,提高了数据处理的及时性。

3. 提高了会计信息的可靠性

提高会计信息的可靠性,表现为减少会计凭证输入误差;实时监控经济业务的运行,提高信息透明度;在某种程度上减少了舞弊行为。

4. 提高了信息系统的集成性

在面向企业的会计信息系统中,企业的整个信息处理链条不断被手工处理过程中断,尽管信息的计算机化是在其中某个处理环节中完成实现的,但它并没有影响或改变企业信息处理的流程和操作模式。财务业务一体化的出现打破了"瓶颈"的同时,创造了提高企业管理效率的新平台。企业依据其工作流程特点,在计算机平台基础上重构信息系统的处理流程,实现业务流程的再造,将传统分离的处理环节聚集并组织起来,从本质上提高信息处理效率,实现信息系统的集成整合。

5. 提高了信息的共享性

"信息孤岛"是面向会计信息系统应用、以会计信息系统存在为导向的核心问题之一,财务业务一体化有效地消除了企业内部的"信息孤岛"。在面向会计部门应用的会计信息系统中,会计信息被视为一个单独孤立的信息系统处理,无法与其他系统的数据信息共享。这些数据不得不反复录入,最终导致了资源浪费和数据处理不一致。

第二节　面向企业会计信息系统的功能结构

一、会计信息系统功能结构的内涵

(一) 会计信息系统功能结构的含义

系统功能结构是指系统的模块化结构,它是按功能划分的分层结构和分块结构。也就是说一个系统可以划分为多个子系统,每个子系统又可分成若干个功能模块,每个功能模块继续向下分,又能分为若干个程序模块,以此类推。因此,这相当于将一个系统沿纵向垂直方向分为多个级别层次,每一层沿横向水平方向又分为几个模块,每个模块具有相对独立的功能。一个子系统在系统中具有较大自主权和独立完整的管理功能;执行完成某一个管理业务的功能模块成了组成子系统的基本构成单位;提供特定加工处理的程序模块是功能模块的基本构成单位。各层次与模块之间通过彼此间的联系形成一个有机的集合体,以实现系统的目标。会计信息系统的功能结构则依照系统分析的原理，从会计信息系统的功能角度对其构成和内部关系进行分析。

（二）会计信息系统功能设置的影响因素分析

影响面向企业应用的会计信息系统功能结构设置的因素有企业类型、规模、生产经营特点及管理要求等。企业有多种表现形式，如生产制造、商品流通、建筑施工、交通运输、旅游饮食服务等。不同类型的企业有不同的经济活动内容，执行不同的财务会计制度。企业规模的大小，决定了不同规模的企业在会计核算上有所差异。首先反映在会计工作组织上，无论是集中核算，还是非集中核算；其次，也反映在针对会计核算的账务处理程序上，像企业规模较大的一般选择科目汇总表账务处理程序或汇总记账凭证账务处理程序，而企业规模较小的一般选择记账凭证账务处理程序。企业生产经营活动的特殊性决定了会计核算的内容以及会计核算信息化的功能结构。企业的管理要求是特定历史条件特定企业会计环境在具体企业中的主观体现。不同的文化理念、管理思想和经验及会计信息使用者的不同要求，都可能会造成不同的会计核算的方法和程序。因此，面向企业应用的会计信息系统的功能结构是上面这些因素综合作用的结果，因此在实践中也没有统一的模式来划分会计信息系统功能结构，以供会计部门应用。

（三）会计信息系统功能结构分析的意义

1. 有助于设计出高效的数据库

系统功能结构的合理化可使开发设计人员充分了解合理组织和使用各职能子系统所需信息，以及各职能子系统之间的数据关系。

2. 有助于提高系统的适用性和实用性

会计信息系统的变化率非常高，根据系统功能构造开发的会计信息系统，因其维护工作的增加和修正很方便，所以也就提高了系统的可移植性、可扩充性、可维护性等适用性。同时会计信息系统的适用性影响了系统的实用性或系统生命的持续时间。

3. 有助于提高系统的可靠性和通用性

根据该功能设计的会计信息系统可靠性将大大提高。这是由于如果系统的特定部分和环节发生错误，则只会影响有关的模块或子系统，那么恢复也相对比较简单，不会对整个系统产生重大实质性影响。此外，由于各企业的会计信息有相当大部分是相同的，根据功能架构设计，具有相同部分的会计核算可在软件上通用，从而提高系统的社会效益。

二、面向企业会计信息系统功能模块

（一）面向企业会计信息系统功能结构划分模块

会计信息系统应用于会计部门的主要功能是账务处理和各项业务的核算。在实际应用中，通常为完成企业各项业务的核算任务，在其每个操作中都会设置相应的功能。下面就简要介绍各子系统的功能。

1. 账务处理子系统

账务处理子系统是围绕处理凭证、账簿、报表进行处理，完成全部制证、记账、算账、转账、结账工作，生成日记账、总账，以及除各模块生成的明细账之外的所有明细账。

特别是在处理账目时，账务处理主要应提供和支持以下功能：保证和支持用户根据需要自由定义会计科目、凭证类别、会计期间，以及修改会计科目等，进而创造适合用户单位的账务处理应用环境条件；提供对劳动计量、时间计量和货币计量同时核算和计量的功能；提供外汇会计核算及核算方式定义的功能；确保提供严格的证管理和审核检查功能，实现标准会计凭证格式的引入引出，完成不同站点间会计凭证的传递与交接；提供各种会计凭证及会计账簿的管理职能；确保月底提供自动执行分摊、计提和转账功能；提供关于银行账、往来账、项目账、部门账的对账和管理职能。

2. 固定资产核算子系统

固定资产核算子系统可以自动或手动方式录入固定资产核算的原始资料数据；该系统可实现固定资产卡片管理、固定资产增减变动核算、折旧计提和分配等工作，并生成固定资产卡片、固定资产统计信息表、固定资产登记簿、固定资产增减表、固定资产折旧计提表，并自动编制转账账务处理系统调用的转账凭证。

3. 成本核算子系统

成本核算与企业生产经营特点、生产工艺过程、成本管理要求密切相关。若以上方面都不相同，成本核算也就不同。因此，处理程序和成本核算功能也都具有其自身特点。但通常来说，成本核算子系统完成了各种成本费的归集汇总和分配，对产品的单位成本和总成本进行了计算，并提供了相应的成本数据进行成本管理和利润核算。

4. 销售与应收款核算子系统

销售核算模块通常与库存核算中产成品的核算挂钩，实现销售收入、销售成本、销售税金和销售利润的核算。生成编制销售明细账，发出商品明细账，应收账款明细账，销售费用明细账，销售成本明细账，销售利润明细表，销售收入、销售费用成本、销售税金、销售利润汇总表，以及自动编制转账凭证文件以供调用账务处理子系统。这个与销售核算相关的模块还能提供完成应收账款的登记和冲销工作，动态反映客户信息，即应收账款信息，还可进行应收账款的账龄分析和坏账准备金的计算与核算。

5. 报表处理子系统

报表处理子系统提供各种会计报表的定义和编制，以及对报表进行的汇总和合并。该模块生成的会计报表，包括对外会计报表，如资产负债表、利润表、现金流量表及其附表，以及对内会计报表，如成本报表、费用报表等。可以根据报表数据制作生成各种分析图表等，目前会计软件中使用的许多会计软件报表子系统已成为二次开发的电子表格处理平台和专门处理报表事务处理的工具。

（二）面向企业会计信息系统功能模块之间的依存关系

一个完整的面向企业应用的会计信息系统由多个模块组成，包括账户处理子系统、薪酬核算子系统、采购及应付账款核算子系统、存货核算子系统、固定资产核算子系统、成本核算子系统，销售及应收账款核算子系统、报表处理子系统等。在所有模块中，账务处理模块都处于核心位置。记账凭证是不同业务模块和账务理模块间的接口，而会计报表是会计信息系统和信息用户之间的接口。在这个意义上上说，账务处理模块是面向企业应用的会计信息系统的核心模块。

（三）面向部门会计信息系统功能模块之间的数据传递关系

面向部门应用的会计信息系统是整体性的，按照系统功能结构的原则将其划分为多个模块，也是出于研究和实践的角度进行了探讨。面向部门应用的会计信息系统不同模块之间的差异是相对的，耦合联系是绝对的。从理论上讲，这一结论是基于：第一，企业会计信息系统是为资金及其运动而设计的，它们又是一个统一的整体；第二，现代会计核算信息系统的特点是复式记账，而其特点是对企业发生的业务交易或事项进行关联的反映和记录。面向特定部门应用的会计信息系统各模块间的这种联系是通过数据传递来实现的，或者将资金及其运动映射为数据传递联系。关于数据传递之间的关系，讨论了以下几方面问题。

（1）数据传输关系是指将一个子系统（或模块）的数据输出处理为另一子系统（或模块）的数据输入，用于数据加工处理和交换，从而实现数据共享。数据联系与控制联系之间的关系是基于控制和数据库之间的关系。所谓控制联系是指从一个子系统（或模块）的状态输出对另一个子系统（或模块）的状态和行为的影响。数据传递联系和控制联系程度越高，数据共享水平越高。当单独使用子系统（或模块）时，其所需数据要靠人工输入计算机的，子系统（或模块）不能直接从其他子系统（或模块）获取输出数据。这就导致输入量增加时会影响会计信息化程度。在对会计信息系统的构成进行总体审查考虑时，有可能正确处理控制联系和数据传递联系，并扩大会计信息系统间的数据共享程度。

（2）在数据传递联系方面需要处理的另一个问题是如何存储接口数据。从上述数据传输联系原理得知，有三个数据传递要素，即源子系统（或源模块）、数据传递方向和目标子系统（或目标模块）。数据在这三个要素之间流动传递，很明显地可以看出，数据只能存储在源子系统或目标子系统中。因此，有两种存储接口数据的方法：第一，存储在源子系统中的接口数据，通常适用于当接口数据是源子系统的主文件时，例如，产品单位成本应该存储在成本核算子系统中，而不是存储在非产成品与销售子系统中；第二，接口数据存储在目标子系统中，这种适用于当接口数据不是源子系统的主文件时，例如工资转账凭证不是源子系统的主文件数据，尽管它们是在工资核算子系统中生成的，但每月传递到账务处理子系统中并存储。

第三节 面向企业会计信息系统的会计安全与风险控制

一、会计信息化安全与风险控制的原则

（一）会计信息的真实性

随着科技的发展，会计信息化管理模式已经建立，会计信息的传输和存储不再只是依赖传统的纸质文件和人工传输，信息技术和网络共享技术的交流加快了会计信息的传输速度，信息存储也主要逐渐依赖于云端备份。但仍存在一定安全隐患，一些人可能对企业会计信息进行伪造和篡改，或是盗取公司机密文件，进而对企业可能产生一定程度上的影响。

（二）会计信息的完整性

随着会计管理水平的不断提高，企业管理层和利益相关者对企业会计信息的重视程度也随之提高。在使用会计信息时，应注重信息的系统性、整体性和一致性，使会计信息的完整性得到保障，帮助企业管理层和利益相关者全面了解公司的整体运作和财务状况，其资金流动动向及企业效益，使企业能够做出正确有效的决策。

（三）会计信息的可操作性

此外，需要让企业管理层及有关的利益相关者对会计信息数据做精练处理，并直接有效地为企业发展指明方向，以此作为企业经营管理和决策的依据。

二、引起会计信息风险的主要原因

（一）操作系统风险

会计信息系统对企业会计管理具有很重要的作用和意义，系统中任何数据的丢失都可能对企业产生或大或小的影响。随着会计信息处理系统的升级和优化，企业会计工作在便利上也会相应提高，但会计信息处理系统只能作为企业会计管理的辅助手段，而且随着用户数量的增加、使用过程的不断突破和行为不当，系统中的许多漏洞也逐渐变得明显并暴露出来，严重的情况下可能导致会计信息操作系统的崩溃，这会给企业造成一定的财产损失。随着业务的创新，原有规则未及时更新，可能出现会计信息失真等情况。

（二）病毒攻击风险

一些会计人员没有接受过系统的会计信息培训，在使用会计信息系统时没有注意病毒攻击问题的严重性，也没有在电脑上安装相应的防病毒软件。随意下载软件，访问信息来源不清的网站，可能导致电脑系统和会计信息系统被病毒入侵，也可能受到攻击。

（三）企业管理层风险

目前，许多企业负责人只关心企业的短期发展，对经营过程中出现的一些问题不采取解决措施。随着资讯科技的发展，不少管理人员仍然采用传统的经验管理方式，已不能满足现代商业发展的需要，对会计人员亦未根据企业发展阶段提出更高的要求，企业没有引进相应的现代管理机制和管理工具，会计信息系统也没有定期维护，阻碍了企业的经营活动。

三、加强会计安全与风险控制的对策和措施

（一）建立健全内部控制体系

内部控制体系是保证企业正常经营生产的主要制度，也是企业风险管理的主要措施和手段。随着企业的发展，其发展规模和方向不断变化，但其基本制度和内部控制制度不会有太大变化。第一，要完善管理制度和流程，对关键环节和节点进行控制，第二，要完善岗位职责划分及权限认证。同时，还要建立保密制度，在企业内部推行权限认证方法，以及根据不同职位的职权范围，对不同职位采取不同的身份验证方法。此外，员工须严格遵守工作场所资料的保密管理规定，防止他人未经授权查阅资料。

（二）不断完善提高会计操作系统的安全性

信息系统的安全性保障直接关系到会计工作是否可以顺利进行，对企业经营有一定的影响，因此不断提高和完善会计操作系统的安全性对企业的发展具有重要意义。

（三）提高会计人员的专业能力和综合素质

第一，必须定期培训会计工作相关人员，特别是在引进先进技术设施时，及时发放资料，让员工清楚了解并掌握新系统的操作运作步骤和方法，使他们明白新系统的优点；第二，对员工进行专业技能和知识的培训，使他们不断提高专业技能，适应新的工作程序体系，确保操作系统安全、流畅；第三，提高员工的风险意识，不仅仅是管理层的风险意识，更加注重员工的风险意识，使每个员工都能通过生产活动的各个环节了解风险；第四，建立风险预警机制，使会计人员能够及时发现会计信息中的错误，并根据风险预警机制及时作出反应，最大限度地降低企业损失。

第三章　新时代网络环境下会计信息服务平台的构建

在互联网时代，信息用户更加关注信息的多样性和时效性。传统的会计信息系统已经不能满足网络时代信息用户多样化、个性化、实时化的信息需求。因此，在网络环境下需要以计算机科学为平台，根据信息需求构建会计信息系统。

第一节　网络会计信息系统概述

一、网络会计信息系统的基本内涵

（一）网络会计信息系统的含义

网络环境下的会计信息系统，通过联机实时在线操作实现了相关会计信息的主动存取和实时传播，为会计信息用户管理决策活动提供了准确及时的信息。网络会计信息系统主要由计算机硬件、软件、网络、操作人员、会计数据和相关操作运行规则组成。

（二）网络会计信息系统的特点

1. 输入方式：各部门业务经办人员分散采集输入

与经济业务有关的所有相关部门都是会计数据和信息采集输入部门。所有业务经办人员同时也是会计数据和信息的采集输入人员。这些采集输入的原始数据将由财会人员和财会机构审核确认。

2. 处理方式：异地、实时和动态处理

交易或事件中产生的数据和信息的收集输入与交易或事件的发生、发展过程保持同步，促使存储、加工、处理和报告的信息保持真实的事件序列，并实行异地、实时、动态地加工处理，随时可以揭示企业资金流和物资流的实际运作过程。

3. 储存和使用方式：会计数据和信息的高度集成和共享，消除"信息孤岛"

在这一体系下，网络会计信息系统将企业各个部门的分散系统通过计算机网络集成一个有机的整体，完全彻底消除"信息孤岛"。

4. 网络会计信息系统将是一个无纸化的系统

企业内部的数据和信息传递、企业之间的交易或事项的数据和信息传递都通过网络来完成的。所有纸质的单、证、账、表将逐步被取消、作废，网络会计信息系统也将成为无纸化系统。

5. 输出方式：共同信息和个性化信息并重，网络互动交流

尽量满足不同信息用户的不同目的与目标，预先设置不同的报表。以传统方式披露企业过去完成的交易和事项的信息，并以财富分配为目标；为投资者和潜在投资者提供面向未来现金流量和企业潜在营利能力的信息，以便提供有益的决策；为达到不同信息使用者（例如投资者、债权人、信贷员）所预定的不同目标，预先制订加工处理方法，并随时传送输出个性化的数据和信息资料。

以网络交互通信方式在相关方面增加或恢复被忽略或受损的信息，供利益相关者使用。进行网上查询检索、设置留言板、设立网络热线，发挥网络独特的优势，可以进行各种方便的交互式交流。

（三）网络会计信息系统实施的必要性

近年来，我国国有企业深化改革稳步有序推进。同时，许多优秀的民营企业伴随着企业的大规模发展和扩张，面临着资产重组、跨行业兼并等境遇。在市场竞争愈加激烈严峻的形势下，在竞争中要想赢得先机必须加强资金的管理。会计集中核算制是实现资金集中管理的新方式，已为多数企业集团采用，网络会计信息系统则成为实现企业集团集中核算的有效手段。

1. 网络会计信息系统是实现跨地域统一核算的有效手段

随着企业数量的增长，许多企业集团都成立了子公司、分公司等。因此，确保地域上的统一核算是企业集团考虑的最低要求。许多分支机构都有独立的会计核算系统，只有按照总部的要求定时上报相关数据或报表，才不会影响数据申报的及时性和真实性。一个有竞争力的企业集团，其总体发展战略和要求需要集中统一的会计核算。因此，使用网络会计信息系统是实现企业最大价值的财务管理要求之一。

2. 网络会计信息系统能及时准确地提供财务信息

使用网络会计信息系统，能够实现会计数据的自动灵活录入，并能够及时实现集团各机构单位成员的自动会计核算，在提高会计人员工作效率的同时，提高

会计信息质量,实现部门间、地域间的统一计算,使相应的管理人员和会计人员能够及时准确地取得必要的会计信息。

3. 网络会计信息系统有利于实现财务管理与业务决策的一体化

通过互联网会计信息系统,集团总部能够及时获取各单位生产经营状况信息,及时进行资源调配,优化集团内部资源配置,形成高度集中的资金管理体系,实施集团资金统一控制,降低经营成本。统一管理整个集团的资金结算、生产经营和投资,可促使集团管理层及时准确地掌握生产经营过程信息,做出正确的决策。

二、网络会计信息系统的目标定位及其体系构建

(一)网络会计信息系统的目标定位

作为大型企业和企业集团,其管理模式结合了集中管理和分散经营,在总部与分支机构之间进行利益协调,确保为集团整体提供最大效益。集团总部在及时掌握所有下属企业之间的资金运作状况的同时,管理者可以随时获取必要的会计信息,不同级别的财务人员可以通过系统简单输入数据。总的来说,企业集团的网络会计信息系统的应用必须满足不同用户需求,也就是同时兼顾集团的总体需求及单个企业的个性需求。

此外,网络会计信息系统的最终目标是建立一个开放的会计信息系统,它不仅要能算账记账,同时还是企业管理信息系统的一部分,该系统具有企业决策支持系统数据接口,并且这个数据可以提高企业的管理效率。综上所述,网络会计信息系统旨在建立一个高度集成和应用开放的会计信息系统,但这一切都要以现代网络和计算机技术为基础。

(二)网络会计信息系统的体系构建

1. 网络会计信息系统体系构建遵循的原则

(1)安全性原则

安全原则是所有信息系统建设过程中必须遵循的基本原则。对一个企业来说,会计信息系统运行过程中产生的信息和数据是企业最核心、最重要的战略信息资源,需要高度重视。在信息技术高速发展的今天,任何安全隐患和威胁都可能对企业的信息系统造成巨大的破坏和不可估量的损失,从而使企业的生产经营与管理陷入麻痹和瘫痪。因此,在设立网络会计信息系统的初期,必须重视安全性原则,以尽量降低风险,并通过各种技术手段确保信息系统和数据的安全。

(2) 协调性原则

实现企业经营活动的目标和获得最大效益，是企业实施网络会计信息系统的主要目标。因此，网络会计信息系统构建基础应以发展战略为指导原则，与企业发展目标相适应。这需要在建立系统的过程中，利用信息技术和网络的优势进行业务转换和改造，结合企业实际情况对业务流程进行重新规划，根据获取的优化流程，结合业务特点开发会计信息系统，因"企"制宜建立网络化会计信息系统，以最大限度地提高管理效率、业务服务水平。

(3) 满足用户需求原则

衡量信息系统优劣的测定基准不是投入资金和技术手段的使用，而是它们满足用户需求的能力。企业内部用户和外部用户对信息的需求各不相同，信息系统必须向所有用户提供不同层级和类型的信息。信息系统为用户服务，因此必须具有实用性和服务性。因此，在建立网络会计信息系统的过程中，必须充分考虑企业各级业务阶层的不同需求，把满足用户需求作为系统开发的基本原则，确保要使最终开发的信息系统真正成为企业的需要。

(4) 系统性原则

网络会计信息系统由多个子系统或模块组成，如总账模块、现金模块、应收账款模块、应付账款模块、报告模块等，每子系统带有各自的功能目标，又因彼此的业务流程相互关联。因此，应在全局范围内考虑建立互联网会计信息系统，使每个子系统都能满足自身需要，满足整个信息系统的总体目标；综合规划和合理设计会计信息系统的功能需求，在信息系统结构、建设步骤、实施原则、工作重点、功能框架等综合规划的基础上，建立综合优化的企业资源模型。使最终投入使用的会计系统既能满足企业的管理要求，又能满足功能模块的具体需求，实现目标的一致性，维护信息系统和子系统的目标。

(5) 开放性原则

任何成熟有效的信息系统都必须遵循开放原则，网络会计信息系统也必须遵循开放原则。所谓开放原则，一方面可以从系统功能的弹性扩展的角度来理解，也可以从其他功能需要的角度来理解，同时也考虑到现有系统必须有日后扩展的空间，即使新功能的开发人员不是系统的初始开发人员，他们也可以很容易地读取程序的源代码，并开发出满足企业新功能需求的程序；另一方面，在设计系统的操作界面时，必须保证人机间的友好交互，即会计信息系统的每个功能模块都有统一的标准应用界面，各种功能模块的使用方式与用户掌握模块的一种操作方法大致相同，便于对整个系统进行操作。此外，无论哪个功能模块是当前的用户界面，都可以从这个页面转到系统的另一个功能模块。

2. 网络会计信息系统的体系构成

（1）网络经营的环境

计算机和网络的发展为会计提供了尽可能广泛的信息支持，使其处理具有质的飞跃。在 Intranet 和 Internet 采用的一系列新技术，使管理信息系统进行了网络方式的重组，使集团化企业能够进行网上集中管理，提高管理水平和高成本效益。电子商务将成为互联网时代的经营形式和企业的生存方式；将企业引入电子商务领域，是全球供应链的结点之一，以电子形式进行企业经营和管理信息，企业的业务管理对象和管理流程可以数字化，管理转化为可计算的活动；新的网络企业系统将出现，即网络上的企业和虚拟企业的出现；实时动态处理、在线管理和远程处理将成为现实，导致业务操作处理的空间距离缩小；用户获得信息来源的机会也在不断增加，时效性、效用、信息量和内容发生变化；企业各项活动真正做到网络化、系统化和一体化，实现内容和形式的根本变革。

（2）网络会计信息系统的基本架构

基于互联网系统的会计信息系统采用真正的网络体系结构，内部与企业管理及其各种业务紧密相连，并集成融入企业管理信息系统中；对外关系涉及各种对外业务处理，与具体特定目的相联系，通过多种系统链接融入社会网络体系。

内部会计系统将发展成为一个完全网络化的计算机信息系统。会计系统作为整个经营管理控制系统的重要子系统，与各种基本业务处理紧密结合，可直接与各业务系统关联，并通过网络系统按照设定路径实时输入、传达数据，构成以联机在线实时处理为基本特征的网络化信息系统。利用网络实现对各种会计业务的处理，发挥网络数据处理系统的优势，加强对会计的控制，扩大会计信息的范围。

在内部计算机网络内建立会计（财务）信息处理管理中心，在信息集成的基础上进行信息处理，通过"会计频道"将信息投放到公开市场，通过与业务处理和控制系统的密切协作，确保对基本核心业务进行实时财务会计控制，建立以业务为中心的责任考评制度体系，以便促进内部信息交流。会计系统的中央处理单元将设为整个会计系统的中心，其主要任务是满足内外各种信息需求的信息集成的设计、管理及信息发布，其内容包括内外基本会计数据的收集、会计数据的分类处理、会计分析、预测、信息发布管理和反馈控制等。

对外链接是会计信息系统结构的一个重要方面，它可以为许多交往事务、相关信息的收集及广泛的经济业务提供服务，如网上投资、网上购物、网上销售、网上结算、网上办税、网上信息发布、网上信息交流共享等。

（3）网络会计信息系统的输入

充分利用电子化服务技术，自动查找搜索、跟踪各网站上的会计信息资源，充分利用社会资源，及时获取本部门需要的信息。可以通过自动采集、网络通信、情报检索、远程查询、数据交换等方法，收集企业内、外部的大量数据。收集的会计数据形式多样，既有有形数据（例如销售额、库存状况、费用支出等），也有无形数据（例如企业的商业誉、商品的品牌认知度、市场对商品的需求等）；有以商品销售额、原材料筹措额、工资、费用支出等货币表示的数据；有以产品库存量、销售量、竞争对手其他公司的状况等非货币表示的数据。随着多媒体技术的应用，除了传统的数字、文字数据之外，还有相应的图形、图像数据。在同一系统中存在许多不同的数据结构和不同类型的数据。为了进行数据格式的预先塑造，从系统的角度来看，必须全局地考虑数据的组织，仔细考虑各数据之间的关系和相互的数量及逻辑关联，确定原始会计数据和派生会计数据，以及各种会计数据和信息的存储量和处理频度才能有效完成会计数据输入格式的预先设置。

另外，会计信息的获取不仅包括数据和信息的单向流动过程，还包括将系统取得的会计信息用于管理，在进行预测和决策后，将其结果投入会计信息系统进行再加工、再处理的信息反馈。在现代社会经济活动过程中，各会计主体应不断地发布、传达或取得各种会计数据和信息，形成向上、向下和平行输入、输出的会计信息流，并应根据需要广泛收集。会计数据具有文字、数字、符号、语言、图像等多种形式，以单、证、账、表等形式传递。借助会计报表，正确接收各级主管部门和有关方面提供的管理数据。这些数据原本是分散复杂的，经过会计处理精练浓缩为综合、系统的数据形式，更明确地反映了经济活动状况。基于预先设定的权限，这些数据可以在一定的时空条件、程度、范围内充分共享、再加工，不专用于一个人或一个单位。

（4）网络会计信息系统的储存

会计数据的输入载体是计算机的存储器，需要支持与数据格式对应的数据库技术。传统的关系数据库技术已趋近成熟，但是新的数据库技术仍在发展。新的数据库系统有面向对象的数据库系统、多媒体数据库系统、模糊数据库系统等。这些新的数据库系统不仅可以处理传统的数据类型，还可以处理图形、图像等数据类型。

发生经济业务时，以网络的实时数据收集方式，将业务经办人对应的原始会计数据输入临时数据库，经过会计经办人的审查确认后，通过计算机程序自动进行格式转换处理保存到数据库中。会计人员通过网络进行实时控制管理，在实时更新的数据库中提供原会计数据。

（5）网络会计信息系统的加工处理

网络会计信息处理系统以网络的形式存在，完全根据计算机网络系统的特点进行了改造和重新架构。在网络化会计信息系统中，可以实现实时动态处理，利用网络实现各部门之间、各部门和上下级之间的实时通信，实现会计子系统之间的自动转账，而且上级机关通过网络快速获取所需信息，可缩短信息传播时间和出错率。财务部门的信息以往的实时反馈很弱，计划执行情况和投资获利情况一般是在本月会计业务完成后才反映在账面上。在市场经济发展的条件下，企业生产经营活动具有相当大的不确定性，目前的定期财务报告制度不能满足外部会计信息用户和企业内部管理人员提出的及时性要求。通过该系统，会计核算从事后的静态核算变为事中的动态核算，实现了企业所有业务活动的实时跟踪和动态跟踪功能。企业内部管理者可以随时获得各种会计数据来进行分析，并及时做出正确的预测和决策。外部信息用户可以通过互联网访问企业主页，随时掌控获取企业财务信息，从而降低决策风险。

网络会计信息系统提供在线和远程管理，现代企业管理结构基本上多为"金字塔"结构。在企业经济活动大幅增加、资金流、信息流和物流等流动明显加快的情况下，这种传统的金字塔结构制约了企业的快速反应和决策能力。例如，在网络条件下，企业组织发展成为自动化网络系统，用网络结构取代传统的金字塔结构，使集团化财务能够不断控制子公司的财务状况，有效地分配集团资金。根据各自职责权限，公司内部管理人员和会计人员可以自主管理工作，上一级职员可以随时随地授权通过互联网进行资金划拨，查阅下级单位的财务资金往来和销售库存等情况，有效消除因受时间和空间限制制约而造成的损失，通过促进财务集中管理，会计资源运用更充分，并能提高企业的响应能力和决策能力。

（6）网络会计信息系统的输出

会计信息的使用者要求获得全面、充分、正确的会计信息，它们能够反映企业的财务状况和经营成果。但是，由于各种原因，传统的会计报表无法反映非定量信息或数字处理报表的会计程序和方法等方面的信息。反过来，一个包含企业所有财务和非财务信息的网络会计信息系统在线数据库，通过实时联机报告方式，有效地扩大了会计报表和附注中的信息量。信息用户通过在线访问无论是在企业内部还是外部，都可以根据自己的权限随时获取所需的信息。

网络会计信息系统的输出内部是结合各种业务的实时处理与控制和实时管理结合的信息交流，对外是各种外部业务活动相关的信息交流以及面向外部用户的信息公开披露。互联网会更及时、更充分地传达会计信息。

从信息公开披露的内容信息和时间构成序列看，内容可以包含历史信息、现时信息和预测信息。从空间范围来看，需要全面披露，这些信息可以根据用户类别以不同的程度和范围多制式信息呈现。为不同的用户、不同的决策目的收集信息，并形成具有不同的时间、内容和形式的信息集合。网络会计信息系统中披露的信息应包括动态报告集成、最新消息发布、交互类的信息集成、查询类的信息集成和各种特定专门化的信息集成。从关联性和可靠性等不同特征来看，应允许以基于关联性的多层次信息构成，包括内外各种的管理、控制、预测、分析和决策各个方面所需的不同层次信息，这些信息以基本业务记录为基础，形成各种不同的扩展和集成且随时更新和变化。同时，可以反映出会计要素项目和企业的整体质量特征，反映全面的风险和机会，以及实际的运作能力和营利能力。

第二节　网络会计信息系统的风险与控制

一、网络会计信息系统的风险分析

（一）网络会计信息系统风险的分类

基于网络的会计信息系统是一个内联网结构的系统。所谓内联网是企业为应用互联网技术和标准而建立的企业内部信息管理和信息交换共享平台，如 TCP/IP 通信协议、WWW 技术规范。企业内联网通过互联网，为企业不同部门之间、企业与客户之间、供应商之间、企业与银行、税务、审计等部门之间开放、公开、实时双向多媒体信息交流环境创造了条件，并提供了会计与一体化处理方法和实时监控的实际应用。当然，由于互联网/内联网开放性、分布式等特点，与以往集中封闭的会计信息系统相比，系统中的安全问题更加突出。会计信息系统运行中的风险可按其原因和对会计信息的影响分类。

1. 根据风险形成的原因分类

（1）系统物理风险

任何计算机系统都有可能因运行故障、硬件、软件和网络本身的故障而系统数据丢失甚至瘫痪。同时，在互联网/内联结构的会计信息系统中，由于其开放性、分布式和远程实时处理，降低了系统的一致性和管控性，一旦发生故障，覆盖影响范围更广，更难保障数据的一致性，也使系统的恢复处理产生更高的成本。系统物理风险包括：①计算机网络会计系统设备硬件不匹配，妨碍网络功能发挥；②不符合网络作业环境、电源等要求时，会直接影响网络的可靠性；③网络设备设置安装不规范，网络运行不稳定；④网络设计不当，风险防范措施缺失；⑤网络操作系统及会计软件安装、维护不完备；⑥网络管理制度不健全；⑦没有对计算机病毒的侵蚀给予应有的重视，也没有采取必要的预防措施。

（2）电子数据交换风险

电子数据交换风险是指企业与交易伙伴在通过互联网进行数据交换的过程

中，合作的交易伙伴非法进入企业内联网，侵占财务数据和知识产权、破坏系统，扰乱特定交易或事项等生成的风险。这类合作伙伴包括客户、供应商、合作伙伴、软件供应商或开发商，以及银行、保险、税务和审计等部门和机构。企业与这些合作伙伴有着特殊的业务关系和数据交换关系，过去各自的计算机系统在物理上是相隔离的，有些企业与交易对象使用特殊专用的增值网（VAN）在彼此之间进行电子数据交换（EDI）任务。在互联网环境下，企业和贸易伙伴需要建立一个统一的外联网（Extranet），以满足竞争发展的需要。所谓外联网，是指利用企业内联网技术和标准建立的合作网络，其构造是由特定的外部交易场所和合作企业完成的，实际上是企业应用的虚拟平台。在外联网中，企业间的数据检索、数据交换和服务提供技术可以通过互联网（松散型关系）或虚拟专用网络（VPN）（紧密型关系）实现。因此，无论从业务联系还是网络联系的角度来看，我们都可以将位于外联网中的企业视为特殊的内部联系。这种特殊的内部联系也允许彼此产生道德风险，特别是对软件供应商或软件开发商等利益相关者，因其精通企业内联网控制结构，并在获得在线技术支持和维护的同时，实际上还提供了系统控制的可能性。

（3）网络安全风险

由于任何有效的管理信息系统应用都必须借助网络，因此计算机病毒在系统应用过程中难以完全避免。只有系统用户的个人电脑感染病毒的话，那个用户的计算机就不能正常使用，其危害还很小。要是会计信息系统的服务器感染病毒的话，轻则会影响会计信息系统的正常使用，重则致使会计信息系统的数据损失，导致系统整体的崩溃，危害的严重性不言而喻。在网络会计信息系统的应用中，很多企业还没有建立成熟的安全管理机制，但会计信息系统却承载着企业核心的财务数据，一旦被截取或恶意篡改，企业受到的损失是无法估量的。除了安装防病毒软件之外，在企业和网络供应商提供的线路出口安装防火墙是控制网络安全风险不可或缺的手段，并通过在防火墙中设置严格的接入访问策略，可以阻止广域网中企业对局域网的恶意攻击，还可以很好地限制局域网中用户对互联网的访问，保证企业局域网的安全和稳定运行。

2. 根据对会计信息的影响分类

（1）会计信息保密性风险

站在技术的角度上来看，任何传输线路都可能被"窃听"。会计信息的窃听不仅是信息的内容，还可以通过在不知道信息的内容的情况下窃听信息的流向和流量、通信的长度和频率来判定有用的信息。会计信息的截取还包括合法用户通过非法手段读取本人权限以外的信息。会计信息的保密性破坏属于被动破坏，不改变会计信息的内容、形式和流向。

(2) 会计信息完整性风险

对于计算机网络会计系统来说，会计信息的完整性破坏是系统的主要风险。会计信息的完整性的破坏有人为的和非人为的因素。非人为因素出现在通信传输中的干扰、系统硬件或软件错误等中。人为因素包括有意识和无意识两方面。有意识破坏，例如非法侵入计算机网络会计系统、通过合法的用户越权处理网络内的会计数据、利用隐藏程序破坏会计数据等。对会计信息完整性的破坏属于主动破坏，可以篡改会计信息的内容、形式和流向。

（二）网络会计信息系统的安全问题分析

1. 网络会计信息系统的安全隐患

会计信息系统安全是指系统保持正常稳定运行的能力。网络系统的安全性因其通用性和开放性而受到威胁。网络系统在会计信息系统中的应用提高了会计信息系统的安全性。会计信息系统的安全性受到人为因素或非人为因素的影响而降低，导致系统中的信息失真，硬件、软件等系统出现故障。在严重的情况下造成企业资产和资金的严重损失。会计信息系统安全风险主要包括两个方面，即系统组织的安全及信息和数据的安全。

系统的实体安全主要包括计算机硬件设备、通信线路、财务软件、系统软件等的安全。该系统各机构面临的安全威胁既包括人为破坏，也包括非人为破坏。此外，它们还可能对软件对象造成损害，例如通过分发病毒程序或轰炸邮件，而物理损害则不可避免地导致会计数据的丢失、毁损和会计信息失真。不是人为造成损害，比如不可抗力的发生，虽然概率很低，但如果发生就会造成无法估量的损失，比如火灾。信息和数据安全主要指存储或传输时会计数据的安全性。在不同环境下储存会计资料可能会带来的安全威胁，主要是无授权人士非法取得、修改或删除会计资料；会计数据传输的主要威胁是网络黑客主要通过互联网实现其非法目的的恶意黑客和非法篡改、删除和窃取会计数据。

2. 网络会计信息系统的安全对策

（1）企业必须建立科学严格的网络财务内部控制制度。从软件开发和维护控制、硬件管理和维护控制、组织机构和人员的管理和控制、系统操作的管理和控制、文档资料的管理和控制、系统环境的管理和控制、计算机病毒的预防与消除等方面建立一整套行之有效的制度，从制度上保证网络财务系统的安全运行。

（2）对于网络财务系统，必须从技术上对整个系统的各个层次（通信平台、网络平台、系统平台、应用平台）采取安全防范措施和规则，建立综合的多层次的安全体系。近年来，网络安全技术如防火墙、身份认证、数据加密、安全隧道和访问控制等得到了长足的发展。充分利用各种先进技术，在攻击者和受保护的资源间建立多道严密的安全防线,可以提高恶意攻击的难度,从不同层次加强计算机网络的整体安全性。在应用平台开发的技术选择上也要考虑数据安全性问题,比如网络财务软件中的数据安全性差,充分利用客户服务器结构和 Web 应用的优点才是安全可行之道;对于决策支持、远程查询、报表远程上报则采用 Web,可以大大提高财务数据安全性。

在网络环境下,企业会计信息系统的主要目标是保证财务数据的完整性和可访问性。因此,网络中的信息系统安全策略还应着眼于数据的安全性、完整性和可访问性,并针对不同类型企业的具体情况制定其会计信息系统安全策略。安全策略为信息系统的安全提供了一个整体框架,也为管理系统的安全提供了一种方法,确定了各部门应遵守的规范和责任,为企业会计信息系统的安全提供了框架依据。就安全策略而言,既可视为技术体系,也可视为管理体系。特别是,技术系统为整个会计系统的物理和信息安全提供了技术保障,物理防范安全也就是防范计算机相关设备的物理安全威胁,使其免于丢失或损坏等;信息防范安全是指确保系统中会计信息的安全性和完整性。

二、网络会计信息系统的内部控制

(一)网络环境下系统安全控制难度的加大

网上交易是一种整合的经济模式,交易和服务的完成通常基于三个网络:互联网(Internet)、外联网(Extranet)和内部网(Intranet)。由于设备配置不合理、软件功能不完善、系统操作失误或运行出现故障、内部人员非法访问进入、外部恶意攻击,网络各级组织都存在严重的安全隐患。复杂的网络结构使系统安全问题越来越明显,难以进行进一步的安全控制。

网络数据处理的集中性削弱了传统的组织控制功能,减少了网络应用中人工手动输入环节的程序,并通过应用服务器进行数据访问和数据交换。计算机系统在网络中的集成化处理导致手工会计的制单、复核、记账不兼容的岗位相互牵制制度的效力逐渐下降和弱化,削弱了传统的组织控制功能。

开放的网络环境条件增加了会计信息失真的风险。数据和信息来源的多样性会导致审计线索整理过程的混乱;大量信息通过网络通信线路渠道传输,可能遭到非法拦截、篡改和窃取;信息以电子数据形式存储,可能会在没有任何痕迹的情况下被更改、删除、隐匿、转移和伪造。网络系统的开放性和动态性使得证据验证更加困难,增加了会计信息失真的风险。

(二)网络会计信息系统的主要内部控制

由于企业规模的不同,网络会计信息系统的应用模式也有所不同。一般可分为三类：第一类是独立内联网结构的应用系统；第二类是异地内联网结构的应用系统（适合于有异地分支机构的集团型企业）；第三类是外联网结构的应用系统（适合于联盟型虚拟企业）。无论系统结构类型如何，其系统都基于企业内联网（包括分支机构的内联网）。因此，网络会计信息系统的内部控制，主要是以内联网系统为主。

1. 日常操作系统管理控制

制定上机操作规程。主要包括软硬件操作规程、作业运行规程和用机时间记录规程。加强系统人员操作管理。人作为系统主体是网络发展的主要动力和保障信息安全的终极防线，人员操作管理的重点是权限控制管理。系统管理员被赋予管理超级用户的权限，主要负责系统硬、软件的管理维护和网络资源的分配。操作人员必须严格按照授予的权限行事，防止未经授权接触系统，系统程序员不得进行业务方面的操作，以避免人为因素或操作不当对操作系统造成不必要的损失和风险。建立计算机资源访问授权和身份认证制度，即建立安全检查机制，明确每个用户的安全级别和身份标识并设定具体访问对象。建立安全稽核机制，实时控制和记录事件类型、用户身份、操作时间、系统参数和状态，以及具有必要权限设置的系统敏感资源，以识别用户并远程识别具有不同访问权限的请求。安装并设置安全检测预警系统，即实时搜索具有网络攻击特征和网络安全策略违反的数据流，实时响应和报警，锁定并阻断非法网络连接，进一步跟踪事件涉及主机，创造一种漏洞检测与实时监控相结合的可持续改进的安全模式。

2. 会计数据资源控制

数据库系统是整个控制系统的主要安全目标。对数据库系统安全的威胁大体上主要来自两个方面：一是系统内外部人员进行的数据库非法访问；二是因系统故障、操作不当或者人为破坏造成的数据库物理损坏。针对上述风险，会计数据资源的控制主要可以通过以下方式进行。

（1）合理定义应用子模式

子模式是指针对某一特定用户或应用程序的所有数据资源中的一个数据子集。在网络环境中，为了限制合法用户或非法访问者对所有全部会计数据资源的轻松访问，需根据不同的应用项目（功能）定义用户专用的数据操作界面，并根据用户的权限与需求对用户群体进行划分，使数据库只提供处于用户访问权限以内且与用户搜索内容有关的数据。

（2）会计数据资源授权表制度

明确定义每个用户对数据资源的访问内容和范围，并分别对数据库的查阅访问权限、修改权限、删除权限、插入权限等操作权限予以规定。

（3）数据备份和系统恢复制度

网络环境中的数据备份和恢复要比批量集中数据处理组环境中的数据备份和恢复复杂得多，这是确保系统恢复的有效性和一致性所必需的，创建业务操作日志文件（记录系统数据处理过程的文档）和检查点文件（记录作业内容信息被记录下来、能够重新启动作业的点）。

3. 系统开发及维护控制

系统开发控制是为保证网络会计系统开发过程中活动的合法性和有效性而设计的控制措施，它必须经历并贯穿于系统规划、系统分析、系统设计、系统实施以及系统运行测试和维护等阶段。其主要规定如下。

（1）确定发展目标，制定项目管理计划，进行项目可行性研究和分析；控制开发进度，控制监督开发质量，检查验证各功能模块安装的合理性和程序设计的可靠性，提高系统的可审性。

（2）利用网络在线检测能力，对整个系统的完整性进行检验，并针对非法数据的存在、系统抗干扰能力和突发事件应变能力的准备情况，以及对系统破坏的恢复能力进行重点针对性检测；做好人员、设备等资源的设计整合配置，确保初始数据安全导入，以及新旧系统有序转换。

（3）发现网络系统的各种软件可能存在安全漏洞后，应立即在线进行修改和升级，并及时保存和存储归档有关软件修改的所有记录报告。

此外，网络会计信息系统也提供了适当的维护控制。系统维护包括软件修改、代码结构修改等，与系统功能结构的调整、扩展和完善相关，过程类似于系统开发。因此，系统开发控制方法同样适用于系统维护。此外，还需要建立维护审批制度、维护方法、维护内容测试、维护文档编制规范化制度、测试数据与营运机器、实际数据分割制度、源程序保管控制制度等。

4. 应用控制

应用控制是指在具体特定应用系统中用于预防、检测和纠错，以及处置控制不法行为的内部控制措施。大多数应用控制措施可以在系统开发中可以直接嵌入软件程序功能中。

这些控制措施可分为3类。

（1）输入控制

输入控制的目标是确保网络环境下数据采集的合法性、准确性和完整性。

（2）处理控制

处理控制的目标是确保会计数据处理过程的正确可靠性，包括控制数据处理的正确性、数据一致性控制、预留审计线索控制等。

（3）输出控制

输出控制的目标是确保输出或传输中的会计系统信息资料不会遗失、错发、截留和延迟，以免出现秘密被泄露，包括打印程序控制、分发控制、作废报告控制、终端用户控制等。

5. 计算机中心控制

计算机中心控制是为了确保系统的物理环境和设备的可靠性，以保证其系统设备实时连续运行。它包括以下内容。

（1）计算机中心安全控制

计算机中心安全控制包括计算中心的物理位置、机房结构设置控制、进入机房室内控制、电源、防火、防磁、温度、湿度等控制。

（2）群集系统控制

集群系统实际上是针对网络环境的多机热备份制度。通常，各服务器运行其各自应用程序项目，并在系统和信息数据之间保持共享联系。当一台服务器（或其他设备软件）出现故障时，群集系统中的另一台服务器将立即承担故障服务器的工作责任，并确保数据的连续性。这些方法通常应用于控制需要不间断运行的系统。

6. 工作站控制

工作站可以是单个机器点或服务器站点。它是在诸如库存管理、成本控制等整个网络系统 MOU 应用项目之下的用户界面。工作站是包括数据收集、处理和输出的系统的日常应用处理的端点，也是威胁系统安全的潜在入口。工作站控制包含以下内容。

（1）工作站内部控制

工作站内部控制包括工作站物理控制、操作权限管理、系统存取控制、操作规程控制、故障处理控制等。

（2）工作站对整个系统访问的控制

依据最小特权的原则，必须严格控制工作站超越其权限范围的行为，这主要可以通过划分计算中心的职责分工、授权控制和日常控制来实现。

（3）数据通信控制

工作站和计算中心往往位于不同的建筑物甚至不同的街区中。因此，在数据传输通信过程中，系统面临因线路和设备故障导致数据丢失和毁坏的危险，也面临人为截取和拦截泄露的风险。因此，这需要技术手段和管理措施对数据加密、回响检查、奇偶检查、备份控制等进行控制。

第三节　网络环境下会计信息服务平台的拓展

一、自助式会计系统的概述

(一)自助式会计系统的含义

自助系统可让每一位用户根据自己的需要,利用现代资讯科技的强大能力,自由选择不同的会计及电脑模块,企业的用户无须配备电脑及系统软件,无需购买或开发财务会计软件,只需在联网后,在自助网站上,自由选择各种财务模板,如工资核算、现金管理、销售预测等,依据各自的需求设计,以组装成本为单位的会计信息系统,满足用户的多元化需求。

具体而言,可以在以下两个方面进一步了解自助式会计系统的重要性。

1. 自助式会计系统发挥的新作用

自助系统是一种基于标准、灵活、模块化和网络化的开发式信息系统。这种信息系统的新作用是由新的企业环境和对信息系统有效性要求所决定的。企业的压力和信息系统的新作用给信息系统的组织带来了相当大的压力。用户需要的是具备集成工具的桌面处理系统,既可以在企业中使用,也可以是连接外联的系统。这个作用亦决定了自助式会计系统的适用范围。自助式会计系统首次将财务会计人员从信息系统的用户转变为信息系统的创造者,使他们能够在网络中自由工作。

2. 自助式会计系统是财会领域互联网应用的云服务平台

自助式会计系统的每个用户都在互联网自由选择互联网服务平台内的任意子系统(模块)来执行云服务功能,即通过强大的互联网云服务,自由选择各种子系统(模块)进行信息采集、账务数据处理、财务数据分析等,以满足不同类型用户的会计管理要求的目的。会计信息云服务技术的实质应用使企业能够获得大量、多角度、多层次的会计信息成为可能。为了实现服务平台的这一优势,必须对所有会计信息及生产会计信息生产的过程进行改革。

自助式会计系统采用模块化结构,整个系统由三个层次构成,即会计数据处理、会计信息管理和会计决策支持。组件化结构结构采用面向对象的设计理念,再利用性强,可根据需要调用组件,数据只需导入一次即可共享。自助系统将成为以客户为中心、开放式、基于网络的现代企业财务财务管理平台。自助式会计系统软件不是在底层开发的，而是通过选择适用的模块集成到一系列产品中，很多组件都需要进行修改或二次研发，以充分满足企业的需求，这样可节省开发的时间和成本。自助式会计系统将随着其现代化的先进性和对环境的适应能力而成为网络会计信息系统发展趋势。

（二）自助式会计系统的适用范围

互联网的发展，促使浏览器/服务器（B/S）这样的互联网构架正在成为主流应用程序的基本结构，并且只有通过互联网企业才能及时准确地了解客户的需求和市场的变化。实施互联网系统是一个理想的选择，可以降低实施成本，有利于向会计信息化、管理数字化的转变。

自助式会计系统可以在线办公、分散办公、移动办公、远程传输和查询检索以及在线教学，可完全按照网络财务工作方式进行，使会计工作实现原始数据收集分散化，信息处理与管理集中化，财会信息查询动态化、实时化，数据输入、处理、输出无纸化。在市场经济竞争日益激烈的大环境下，企业必须选择适合其特点的集成化、低成本、高效率的财务软件，才能在竞争中立于不败之地，自助式会计系统软件不失为一个很好的选择。此外，专业咨询服务在我国还在发展阶段，但对推广实行自助式会计系统其作用是不可缺少的，因此必须加强会计师事务所和代理记账公司人员的相关培训，促进财会软件行业的发展，保证财务软件在企业的推广使用。

二、自助式会计信息系统的应用与开发

（一）自助式会计信息系统应用的实现——SaaS平台

自动会计信息系统（ASP），是通过现代信息技术的强大功能，允许每个用户按照个性需求自由选择不同的模块进行收集、处理、分析等，进而满足用户对会计信息系统多元化的要求。自1999年我国首次提出这一倡议以来，国内多家知名软件企业不断探索，将建立ASP模式会计信息系统作为可行性目标，并取得了长足发展。

随着互联网技术的进步，基于互联网的自助式会计信息系统的实现形式从以往的ASP模式逐渐发展为SaaS模型，两者的区别在于技术实现水平层面，对自助式会计信息系统的业务水平没有太大影响。同ASP模型一样，SaaS在线会计管理平台通过互联网提供软件，用户无需购买软件，而是向提供商租用基于Web的软件，以管理企业经营活动。对于中小企业来说，可以消除企业跟基础设施与应用程序相关的购买、构建及维护的麻烦，因此显得更加方便。

不同的产品总是有自己的应用范围，SaaS 在线会计管理平台也不例外。在自助会计信息系统中，应用软件企业一般是中型企业，也有时涉及与中小、中大型企业相关联。但相对来说，SaaS 更适合中小规模的企业、会计师事务所、代理记账公司等。

1. 会计师事务所代理记账

会计师事务所通常提供代理记账业务。某会计师事务所在一两年前就开始寻找在线财务软件，其代理记账业务情况的特殊性在于：代理记账人员在郊区办公，而拓展新业务和提供客户服务的人员为了离客户更近在市区办公，以前使用套装财务软件，所有账套都在郊区，数据共享非常不便。而在使用基于 SaaS 平台的在线会计后，业务人员直接将报告交互给客户打印，通过互联网可以实时管理和监视记账负责人。这样节约公司运营成本的方法，对行业未来的发展会是非常典型的。互联网的深入应用正好为各行各业用户的分布式运营提供了强大的技术基础。

2. 个体人员记账

个人账户记账管理中最大的烦恼是，有些账户套件是兼职做的账套，而且购买正版的财务软件并不便宜，如果将来没有代理记账的业务，之前这些购买的软件就会丢失或荒废。如果使用基于 SaaS 平台的在线会计，可以按月或按年支付，大大降低了成本和风险。

3. 普通企业

很多中小型企业一般也有多个分支机构，却不能在每个分行办事处或公司都设置会计人员。在这种情况下，可以通过基于 SaaS 平台的在线会计解决问题，该平台在分支机构中配备普通操作人员完成输入单据等工作，通过总部会计统一记账不仅能降低人员成本，还能提高管理效率。

（二）自助式会计信息系统的开发策略

1. 第一种策略选择

（1）会计系统各层次的需求

根据会计数据处理系统、会计信息管理系统和会计决策支持系统的要求进行修改。这些需求可能反映了自助式会计系统的需求，而在专业的财会信息技术网站对自助式会计系统功能的需求，主要是在现行系统基础上以不断扩展的系统形式运作。

（2）管理人员对特殊研究或报告的需求

管理人员对研究和报告数据的需求越来越大。这些数据具有相同的结构和属性。如果需求量大，专业和技术性更强，则可成立外部咨询团；如果是数量定量分析，则可成立运营或管理研究小组；如果需要传统的财务分析，就可成立财务分析小组。

（3）对外部数据的需求

外部数据需求包括竞争对手行为、行业财务，以及市场、区域和地区经济与财务数据。如果数据以"机器可读"形式存在，则需要借助于计算机人员访问计算机；如果需要收集特殊数据，就必须依靠咨询人员或智囊团。

2. 第二种策略选择

目前支持以上需求的新技术正在开发一系列自助式会计系统组件。例如，关于提供外部数据库和分析程序的存取功能；支持财务报告的财务计划语言；通过数据处理系统的交互式功能，高级财务人员可直接查阅存取内部计算机数据；用计算机系统查询语言和报告生成器、查询和编制内部计算机数据的报告等。

以上这些系统中的任何一个都可以成为自助式会计系统的组件。每一个模块如果得到适当的管理和集成，就可以构成自助式会计系统的通用模块组件。但是，这些模块通常是不同的时间内对应不同的需求而产生的，为了实现集成的目的，有两种设计方法：①基于规划的需求，继续开发这些模块的功能；②依托这些模块的组织和集成，开发自助式会计系统的通用模块。

3. 第三种策略选择

在一个专业财务会计信息技术网站中，自助式会计系统的开发有以下各种方法策略。

（1）快速命中法

如果在某个领域有高效益的财会需求，应实际需求，便需要尽快使用合适的工具，直接开发符合的自助式会计系统模块，获利后再考虑下一步的步骤。从短期来看，快速命中法风险最低、潜在收益最高，所需的工具和技术可以独立开发，也可以在专业网站的软件市场上购买，并可直接用于解决问题。由于没有借助于前一个自助式会计系统组件，因而在开发下一个组件时能够使用当时最新技术。它的优点是收益较大、风险较小，容易掌握新技术。它的缺点也很明显：不能保证在自助式会计系统的前一个组件时使用的工具，将直接用于开发下一个组件。与采用一套集成工具来开发的自助式会计系统相比，快速命中法的灵活性不够，需要更多的维护工作，因此使用周期短、修改工作量大、总体费用也较高。只有在急迫的情况下，这种做法才更加切实可行。

（2）分段式开发法

一个自助式会计系统模块的建立需要周密的规划，以确保开发第一个系统组件的效率，该组件可用于自助式会计系统的第二个模块。通过对几个成功的自助式会计系统组件的开发，产生自助式会计系统生成器。因此，第一阶段的结果可用于第二阶段。这增加了成果的使用时间，降低了总费用，但增加了初步投资，推迟了初步成果的使用时间。采用分段方法的好处是，它可以通过应用已经完成的自助式会计系统组件模块来降低风险并确保早期的效益率，同时有助于积累经验。它还可以在适当的时候将稍后开发的组件集成到自助式会计系统组件中。它的缺点是开发费用成本较高，第一个基于自助的集成自助式会计系统并不能以很快的速度与用户见面，从而对具有更高及时性需要的工作产生了不利影响。

（3）全面积极开发法

在建立自助式会计系统组件的任何组成部分之前，开发所有功能的自助式会计系统生成器和管理业务的管理机构，以完善的自助式会计系统生成器为主要项目。该生成器具有较好的基础工具、优化最佳的集成和工艺技术。与其他方法相比，这种方法最具功能性，但要想有效，则需要较长时间，而且风险可能更大，因为技术可能会过时，可能会遇到一系列开发障碍。因此，目前在专业财会信息技术网站上很少使用这种方法。

第四章　企业会计信息化的运行环境

随着信息时代的发展和信息技术的完善，会计信息技术领域发生了前所未有的变化，同时面临着巨大的机遇和挑战。企业会计管理受到信息环境的严重影响，并且在利用大数据和云计算方面面临着前所未有的机遇和挑战。

第一节　信息化环境与会计管理

一、信息化发展对会计管理的影响与支持

我国企业的信息化始于金融、物流、制造业，可以说，目前出现了一个上升的趋势并在各个领域引起了高度关注。在制造、销售、客户管理和企业综合管理等领域，涌现出了许多优秀的软件系统，在企业内的应用也从业务信息化、部门信息化转变为向管理信息化、集成应用和协同共享发展时代。各大型软件制造商也在继续丰富和改进其产品线，提供更全面的行业解决方案。随着面向服务架构（SOA）的引入逐步解决了异构厂商间的兼容性操作问题，壁垒逐渐消失，业务数据交互共享取得重大突破，企业可以通过信息系统实施严格的流程控制，接收获取大量的业务信息和会计信息，会计管理的发展有着前所未有的环境。

目前国外开发成熟的 ERP 软件和管理软件具有强大的会计管理功能，如 SAP 会计管理就是作为独立的功能模块。然而国内很多企业特别是中小企业使用的国产软件里，有的内嵌了一些分析功能，但总的来说，会计管理职能要么非常不足，要么非常薄弱。在企业管理中还不能按照会计管理的要求进行信息化应用，会计管理职能发挥不足。

二、信息化环境下企业会计管理面临的主要问题分析

（一）网络普及应用带来会计管理的风险

信息化的最大驱动力在于网络迅速传播和发展，它渗透到社会和企业的各个方面。在企业内业务逐步集成融入系统的过程中，网络也开始在企业中得到广泛

应用。该网络不仅包括各部门，还把异地的分支机构连接起来。因为网络环境是开放的，所以这个环境中的所有信息在理论上都是可以访问的。网络中的会计信息系统有可能受到非法访问或病毒的侵害，其内部人员未经授权访问的可能性很高，一旦发生就会造成重大损害。

与此同时，电子商务改变了传统会计管理的性质。网上支付、网上银行等结算方式的出现，使资金流难以控制地加大。由于网上进行的一系列商业活动无法获得有形的文件记录痕迹，使得信息流管理变得越来越复杂，由于信息处理的协同性和集成性，对其控制也变得更加困难。在信息化的新环境和新局面下，改革传统的会计管理模式势在必行，特别是在保持新的会计管理方式以适应不断变化的环境方面。

（二）业务流程的改变带来的风险

首先，信息化的发展正如最初的会计电算化所带来的影响，与最初的手工账务处理有很大的不同，会计人员如不能很快适应新的操作方法，由这一系列不确定因素将构成较大危险。其次，业务流程的变化，企业管理结构趋于扁平化，内部控制机制通过程序执行实施，自动化程度提高扩大，使得业务人员大大减少，给个人身兼多职带来可能性，从而降低了控制风险。再次，流程化管理更紧密地加强了部门和部门之间，以及跨职能部门之间的工作流管理致使某一环节出现问题，直接影响其他流程的运行。过去，智能化管理可能有绕过某些环节的变通替代方案，而集成系统则需要通过每个流程。在此种情况下，任何环节中的任何失误都直接影响后续流程的实施。最后，由于集成系统是单一的数据库，所有数据都是以一次性的单点方式输入，例如储存在仓库内的某个产品的具体数量如果只有仓库确认证实，一旦出现错误，便会直接影响销售、生产、财务等部门统计。

（三）信息化为会计管理中的内部控制带来的新问题

信息化的实施和引入带来了企业新的风险管理理念和方法，使企业在实现既定目标的过程中能够准确地进行风险识别、分析、评估及应对并加以处理。将在信息化条件下的信息技术和业务活动有机地结合起来，并将其作为一种风险防范工具，将大大减少错误发生，保证企业业务活动的正常运行。同时还应该看到的是，信息化也给企业带来了新的风险。比如，计算机系统的复杂性增加了其在企业中潜在的应用风险，这使得电子数据很容易被重新改写和删除，在数据处理过程中无法对其进行直观观测等都增加了数据安全风险。

此外，信息化的实施提高了控制手段的灵活性、多样性和高效性，并加强了内部控制系统的预防、检查和纠正功能的有效性。信息化的应用可以使企业摆脱人员和资源对内部控制体系有效性的限制，形成了企业内部一种新的控制理念：

内部控制系统不再依赖于过多的人工检查、审批或复杂的控制程序，以信息技术为基础进行合理的设计并经济高效地实现控制目标。同时，信息技术的应用也使企业内部控制的难度与复杂化增加了，给会计管理带来无法避免的挑战。

三、信息化环境下的会计特征

（一）拓展会计信息传播空间

在网络环境下，企业管理事务问题可以通过远程处理，逐步实现财务信息和业务信息的互联互通，并实现企业的集中管理和相互共享，以及促进采购、管理、人力、市场和财务部门之间的协同发展。这种模式将有利于促进整合企业的财务资源，提高企业的整体竞争力，特别是在分支机构数量众多的情况下更有现实意义。集团公司可以利用网络财务系统对其所有分支机构进行集中记账、核算和统一资金调配，这些下属分支机构可成为集团的财务业务伙伴（即财务 BP），许多远程信息处理功能易于实现，进而提高了财务管理工作效率。在这种信息化环境中，将执行各种远程数据处理功能，如记账、报账、查账、报表、审计等，将大大加强对集团下属机构的财务控制，并将使"大集团变小"，复杂的机构变得简单明了。

（二）会计信息传递更及时

通过采用互联网技术，实现从传统会计核算后静态信息公开披露转换为了事中的动态信息披露，大大提高了会计信息的价值。通过各种指令实现经营和财务的在线管理，网络财务系统将轻松生成反映公司经营和资金状况的年报、季报、月报，甚至日报的动态财务报表、财务报告。利用网络实时跟踪功能对企业的业务活动进行动态跟踪，可以让决策者清楚地了解和看到所有工作计划的执行情况和所有项目投资的获利情况。在动态财务信息的基础上，企业财务主管和高管可及时作出反应和采取行动，部署业务经营活动并做出财务安排，从而降低财务决策风险和企业经营风险。

（三）会计信息获取针对性更强

互联网为会计信息的提供者和使用者在信息化环境下进行信息交流提供了一个快捷、即时的平台。在互联网环境中，信息获取过程有针对性地通过设置相应的搜索引擎，使用户便能够根据自己需求获取相关的数据和报表，并进一步整理所获得的数据和报表。例如，会计工作者可以在线查询各种财税法规的变化；还可以利用在线教育系统进行在线学习，更新升级自身知识；相关财务制度也可在线发布、实时更新。

四、信息化环境下加强企业会计管理的建议

传统会计理论体系虽然成熟完善，但对于在信息化发展越来越重要的企业管理领域来说，一些理论明显落后于时代发展，继续使用可能对信息化会计管理工作起不到任何应有的作用。这就需要在借鉴继承优秀的传统理论基础上，根据时代特点总结过去缺陷和不足，探索信息化环境下指导和支持会计管理体系发展的新思路。

（一）制定适合企业实际的内部控制

企业应根据《中华人民共和国会计法》、2006 年颁布并通过实施的《企业会计准则》，以及 2008 年 6 月 28 日由财政部、中国证券监督管理委员会、中华人民共和国审计署、中国银行业监督管理委员会、保险监督管理委员会联合发布的《企业内部控制基本规范》，结合自身情况制定符合其条件的企业内部控制制度，以抵御会计管理过程中出现的内部控制风险。具体而言，这些问题涉及以下几个方面。

（1）企业应当实行严格的职责划分和授权控制，使各部门、岗位及员工明确自身的职责。此外，企业还要明确实物接触和保护制度及内部稽核制度。

（2）制订各种操作规程、作业程序、管理方法和工作目标，制定清晰的控制标准并定期进行审核，使员工能够按照既定标准正确地处理各项业务，实现预定目标。

（3）做好会计基础工作，完善企业会计信息系统及其财务会计制度，明确账务处理权限，特别是在实施电算化的情况下，加强职责分工的划分，并加强相关数据信息文件的保护。

（二）充分发挥内部审计的作用

企业内部审计是对企业经济活动进行评价监督的部门，也是内部控制体系的特殊组成部分。企业内部审计部要加强内部控制审计，评价内部控制制度是否完善及企业内各组织机构执行内部控制的有效性，并向企业最高管理部门提交报告，协助支持企业最高管理者监督内部控制政策和程序的有效性，创造良好的控制环境，并为完善内部控制提出建设性建议，以有效防止内部控制失控，促进实现企业的控制目标。

同时，在信息化环境下，要增强主要责任人的经济责任审计。由于经济责任审计的特殊性，其正确性、客观性和真实性与审计结果报告的质量，以及企业内部控制制度的建设和企业会计管理有效性实施都有着直接的关系。审计人员必须从审计的角度，利用信息技术，以数量和事实数据为基础，客观、公正、实事求

是地评价主要负责人的经济责任,在正确处理经济责任的界定、统一评估标准、核实单位家底、划分遗留的潜亏挂账等问题基础上,深化被审计人的经济责任审计,加强内部控制。

(三)完善信息化环境下会计委派制建设

会计委派制不仅是传统会计管理的工具和手段,而且在信息化环境下也发挥其独特的作用。目前,财务负责人对企业的延伸监管还不完善。财务负责人制度对国有资产经营公司和授权经营的企业集团财务总监的监管范围主要定位在企业的"一级"企业层面,对有产权关系的"二级""三级"企业,也就是控股、参股企业的延伸监管还没有具体规定。一些由产权代表或董事会确定任命的委派财务负责人在确定其权责的范围方面往往出现一定程度的偏差。这在信息化环境下,有利于委派下的财务负责人将他们的联系扩展到企业的各个层面。当然,这对会计委派人提出了更高要求,取决于他们的工作质素。

财务委派负责人必须适应现代企业制度的要求,并努力提高其自身素质。财务负责人在企业中担负的角色越来越重要,要成为一名合格的财务负责人,应具备一些特定素质来满足这个职位的要求。虽然现代公司要求财务负责人具备相关的专业知识,但他们更重视财务负责人的创造力、想象力和总体思维能力。历史赋予了财务负责人一个新的使命,必然对他们提出更高要求。第一,财务负责人要有坚定正确的理想信念、敬业精神和责任感,有维护资金资产安全、确保资产保值和增值的责任心和事业心,忠于职守,勇于负责,捍卫所有者权益。第二,财务负责人必须具备扎实可靠的企业财务知识和现代企业管理的基本知识,熟悉经济、财务等领域的法律法规,有较强的业务能力和丰富的实务操作经验,熟悉审计规范和技巧;第三,会计委派人员必须系统地掌握网络技术、会计电算化等信息技术,更好地进行会计管理工作。第四,财务负责人要有较强的协调能力,特别是在当前信息化环境下,还要懂得如何获取信息和协调沟通等。这样才能真正实现财务负责人的作用。

(四)加强对信息化环境下信息系统的开发与维护的控制

加强对计算机系统的监控,建立健全完善的会计信息化操作管理制度,监督会计部门的实施执行,确保会计软件正常安全运行,避免遭受外部干扰和破坏;加强对系统开发和维护、设定数据输入与输出权限、批准、复核、文件备份、储存与保管、网络安全等方面的监督控制;为系统的日常维护和管理配置专门的系统管理员;定期、不定期地检查硬件与软件的运行情况,并及时更新升级系统软件和杀毒软件,从而优化会计管理系统并让其处于最佳状态。

第二节 大数据与云计算在会计信息化中的机遇和挑战

一、大数据与云计算

（一）大数据的含义

大数据意味着数据集的大小在捕捉、存储、管理和分析能力方面已超过了典型数据库软件工具。数据处理、沟通、汇总、存储、分析渗透到社会管理各个环节，成为社会管理的重要组成部分。通过传感器和微处理器以及互联网和社会媒体获得了广泛的大数据。大数据在促进社会经济创新和增长方面的积极作用不仅意味着更高的生产力水平，而且意味着经济结构和社会形态的再次转型调整。全面开发挖掘大数据的商业价值将为企业带来强大的竞争力，它不仅是提高生产力和竞争力的强大引擎，还可以转化为生产力，创造巨大的经济价值。因而，企业成功的关键要素变成了由挖掘获取数据价值、提高决策水平和改善业务水平。当数据处理技术发生根本性变化时，企业需要所有数据，而会计信息系统已经成为重要的信息来源。

（二）云计算的含义

云计算是基于互联网服务的扩展、使用和交付模式，通常假设通过互联网拥有动态的、易于扩展访问的且是虚拟化的资源，是传统计算机和网络技术融合的结果，这意味着计算能力也可以作为商品通过互联网流通传播。云计算是基于互联网的分布式计算、并行处理和网格计算的进一步发展，能够为互联网上的各种应用提供硬件服务、基础架构服务、平台服务、软件和存储服务的系统。一般来说，云系统由第三方机构提供服务。在云计算应用环境中，用户处理的数据存储在互联网数据中心，他们需要应用程序来处理运行互联网上的大规模服务器集群。通常来说，"云"计算可按适用范围分为公共"云"、私有"云"和混合"云"。在云计算模式下，供应商提供的信息服务使企业很容易获得大量的非企业信息，方便企业内部的会计控制。这是通过企业从内部扩展到外部实时收集数据来实现的。企业可随时向合作伙伴、供应商、代理索取数据，而数据传输将直接在云端进行索取其效率会更高，并且不会占用公司本身的存储空间。公司内部若有一个良好的一体化流程，通过信息流与各部门协调有序合作，合理配置企业资源,最后能实现企业经营活动的最大效率和效益最大化。

(三)大数据与云计算的关系

云计算改变了IT,而大数据改变了业务。大数据需要使用"云"作为基础架构设施来进一步推动运营顺利运行,由此推动了一场新的信息革命。云计算使得数据变得更加分散,传统数据库对海量数据多样化需求很难满足,这就使得各种解决方案到处横行。大数据本身就是一组问题集,云技术是目前解决大数据问题最重要、最有效的手段。云计算为大数据的应用运行提供了基础架构平台。在更广泛的数据背景下,公共云结构不影响数据仓库,私有云结构却影响着数据仓库。首先,通过私有云可集成数据集市,以减少利用率不足的问题;其次,通过灵敏的方式整合集成数据以实现业务价值。云时代的大数据平台不仅选择采用支持PB级别的高性价比、高扩展性的硬件系统,甚至对ZB级别的海量结构化、半结构化甚至非结构化数据存储,还必须能够高速挖掘提取这些数据价值,为企业创造利润,带来实实在在的回报。基于云计算的大数据分析平台结合数据库存储和Map Reduce架构,为能够高效处理结构化、半结构化甚至非结构化数据的企业创建了一个大数据分析平台,使数据资产从成本中心转换为利润中心,实现以数据驱动、赋能业务,开展更多价值创造活动。

二、大数据和云计算对会计信息化的机遇

(一)云计算在企业会计信息化中的应用现状

会计云计算是指在会计信息化中使用云计算,它同时具有云计算和会计信息化两方面的双重特点。首先,云计算模式下利用会计计算能力以服务的形式提供。服务提供者与用户彼此分离。用户向服务提供者购买会计计算服务,并根据情况支付使用费用。其次,网络化访问,消费者不需要知道网络中会计计算服务的具体位置,只需通过网络连接的计算机就能享受访问服务。再次,进行资源共享,云计算服务提供者将相关资源合并聚合到资源池中,并将其出租给多个租户,其中的任何一个物理资源对于使用者来说都是可替换的、抽象的。最后,以灵活弹性扩展的会计云计算服务方法提供的资源规模,可视为交易业务量的变动而动态地缩减或扩大,而整个过程的服务质量不受影响,全程服务亦不会因此中断。

会计云计算可以帮助企业更加人性化地适应和调整企业会计软件的使用,部署财务应用,降低企业整体会计信息化的投入成本;可以满足企业会计信息化过程中的最小成本和个性化信息需求的最大化,降低企业会计信息化过程中的风险和阻力;这使得企业能够远程处理会计信息功能,从而提供无地理地域限制的移动办公。

（二）大数据和云计算在企业会计信息化中的应用优势

1. 降低会计信息化应用成本

大数据和云计算通过三种方式降低了会计信息化的应用成本：其一，企业可以向大型数据和云计算服务提供商租赁IT基础设施，而无需一次性地大规模IT投资，这使他们能够节省了购买、安装和管理资源的费用成本；其二，在使用这些资源时，企业可以根据实际使用情况付费，并可以使用最新的软硬件资源；其三，传统的会计信息系统需要大量的人力物力来维护和管理IT设备，使用大数据和云计算，将软硬件资源转移给更专业的团队进行维护，不仅节约成本，还可以获得更高的可靠性和性能，使企业更加重视对自身发展具有长期影响的战略活动。

2. 提升会计信息化专业水平

大数据和云计算服务提供商雇用具有深厚商业知识和丰富管理经验的专业会计人员和行业专家。纵使是不同行业的企业，也能及时获得最具有针对性的解决方案，从而使得会计人员工作更加方便快捷。管理者也可以实时捕捉企业的财务状况，并快速识别和控制公司的风险。

3. 增加数据管理的可靠性

大数据和云计算将财务数据放入云端，将会有专业团队帮助企业管理信息，以及专业数据中心帮助企业进行数据备份。云计算使用大规模分布式存储方法，通常将整个完整的数据实体切割成"块"或"碎片"，然后将每个"块"或"碎片"存储在互联网上的多个远程服务器上。如果非法用户想要从云端窃取数据，将必须获得访问存储所有"块"的服务器访问权限，但这几乎是不可能的。此外，这种分布式存储方法在不同的服务器上创建分块文件的副本。因此，即使服务器出现故障，也不会导致数据丢失。

4. 提高工作效率

从企业的角度来看，未来更多的经济交易可以通过资金转移和电子数据交换在互联网上进行。例如，当发生经济交易时，数据信息将在云中通过互联网及时处理并形成相关会计信息，并可以进一步完成成本控制、预算控制等其他业务。借助大数据和云计算强大的计算能力，可以实时创建各种指标和报表，管理者也可以快速了解企业的业务经营情况，并识别业务风险。大数据和云计算以内部会计流程为中心，通过信息流与企业各部门紧密有序协作，形成高效的业务信息一体化流程。

从外部来看，企业可随时向上下游公司、客户和合作伙伴请求提供数据。例如，目前各地税务系统已逐步将云计算系统平台引入税收信息化建设，企业可通过该平台处理各种税务业务；会计师事务所可通过网络及时做出关于企业财务状况的电子版审计报告；企业购销业务合同在互联网上以电子数据的形式相互交互作用，并通过互联网转移资金。大数据和云计算通过互联网实时处理企业与外部相关部门间的财务会计业务，加快交易速度、提高工作效率。此外，企业可以将整个会计流程分为几个部分，并将其中一个业务流程转移给财务公司和会计师事务所，这样可以精简人员，使工作更有效率。

三、大数据和云计算对会计信息化的挑战

（一）数据安全性挑战

云计算通过互联网传输将数据、应用程序和服务存储在云端，充分利用数据中心强大的计算能力，实现企业用户业务系统的适应性。云存储是以数据存储和管理为核心基础的云计算系统。它可根据用户要求的容量进行定制，用户不需要管理和维护硬件，这降低了用户成本和人力上的投入。云存储是通过应用软件、集群应用、网络技术或分布式文件系统，在网络上通过应用集合大量不同类型的存储设备协同工作，共同对外提供数据存储和业务访问功能的系统。建立一个安全、经济、性价比高的存储系统已成为业界的共同需求。云计算系统将用户数据存储在云端，如何确保用户数据不被非法访问和非法披露是系统必须解决的两个重要问题，即数据安全和隐私问题。云计算系统的可扩展性、可用性、可靠性和可管理性等是需要解决的重要问题。

（二）信息系统平台及相关技术标准的挑战

云端仅与企业的内部资源协同工作，因此还需要创建一个统一的平台，将客户、供应商和其他合作伙伴加入该信息系统平台中，以实现高效的信息共享和多种业务的连接。此外，一般通用硬件的使用年限仅为五年，如果不及时加以应用，它将在五年后变为电子垃圾。因此，政府应统筹考虑云计算数据中心的整体建设，避免采取大规模行动，一哄而上。若是盲目建设云计算数据中心只会导致无效投资。在此基础上，要想普及云计算的广泛应用，政府必须统筹协调信息系统平台建设，制定相关云安全、数据隐私保护和技术标准。

（三）云计算在企业会计信息化中的应用劣势及威胁

云计算的部署方式决定了其风险。由于大量数据的存储和分析在同一个云端中，很多企业担心其机密和核心财务会计数据被黑客窃取或意外泄露，这使得其财务数据的保密性和隐私性成为未来几年亟待解决的问题。如果服务供应商能够开发新的数据保护措施，并在云计算中领域建立安全保障优势，企业将从云计算

发展中受益匪浅。

目前，每个云计算供应商都有自己的应用程序编程接口（API）。API 的不平衡使得多个云计算平台和应用程序互不兼容，无法实现跨云计算平台的互通操作，这给云计算用户带来了重大困扰。因此，云计算供应商应制定统一的 API 标准，实现云计算跨平台应用移植和数据交换共享。

云计算发展面临的另一个挑战是当前的传统观念。与传统 IT 服务相比，云计算有许多不同之处。如由服务供应商进行维护与管理、按需订购、随用随付等新特点对于企业的观念产生了重大影响，云计算还需要时间来渗透才能改变企业的传统观念。

四、在会计信息化中推进大数据和云计算有效应用的对策

（一）采取强有力的安全防范措施

企业要建立内部操作制度体系，建立严格的账号密码管理制度并加强访问控制。对于云计算服务提供商，适用于网络黑客和计算机病毒等，需要在企业内部、外部接口网络建立防火墙；使用密钥管理技术对数据进行加密，密钥由企业管理；使用虚拟机来检测和防御入侵黑客和恶意软件，并构建虚拟安全网关；数据存储和处理是分开的，配置接触和操作的日志控制。此外，安全服务可由第三方运营操作，从而将应用服务与安全服务相分离，并在一定程度上确保数据安全。

（二）研究 4A 系统在云环境中的应用

1995 年，国际网络安全共同体首次提出了 4A（认证、账号、授权、审计）统一安全管理平台解决方案概念。4A 系统承担了每个应用系统的用户登录和权限、角色和职责管理功能。登录应用系统将首先登录访问 4A 系统，在 4A 系统完成用户权限认证后，可以单独登录访问每个授权应用系统。在不影响操作系统正常运行的情况下，审计系统可以通过独立日志对用户访问业务系统隐秘监视，对敏感数据的访问发出警告，并在必要时阻止访问，事后对检测到的安全事件进行会话回放并取证，以便将其控制在可接受的风险水平程度。4A 系统可以作为云计算安全实施的一部分引入。

（三）与 ERP、BI 等系统有效融合，向更深入、更广泛的层次发展

企业在经营管理过程中，需要信息流、物流和资金流的协调统一，相互拉动、相互支持。如果没有及时的信息流，物流和资金流就无法顺畅流动。为了实现"三流"的良性循环，需要打破过去会计系统只能为企业提供在线记账、代

账、现金管理等功能的局限，以财务会计为核心，将 ERP 的其他部分与财务相结合，才能从全方位、多层次提供真正可靠的决策信息。

大数据和云计算系统与商业智能（BI）系统集成，逐步增加基于云计算的财务数据仓库（DW）、智能在线分析（OLAP）、数据挖掘（DM）、决策支持等功能服务。在云环境中，曾经庞大的 BI 系统变得风险更小、效率更高，还可以实现个性定制。各种决策分析模型，如经济订货量分析、盈亏平衡点分析、生产决策分析、营销分析等某一个或多项要素变动的整体影响，可以直观地通过各种图形如仪表盘和趋势图表现出来；有效利用杜邦分析法，从最终的比率份额可以逐层分解到各项不同的业务和会计科目，对于集团式企业来说，可以方便地分析不同地区、不同品种和不同员工之间的各要素分析。管理者可以及时发现问题、找到原因，并变换对现代会计信息化进行多维分析。

ERP 提供基础数据，BI 根据需要动态分析数据，最终为企业决策提供最有价值的依据。并且在 ERP 与 BI 融合后，将会为企业的发展提供更有力的保障。同时，对信息进行更有效的分析和处理，可以更好地反映和体现企业的信息价值。会计管理可利用云平台的技术优势，建立专家和人工智能系统，利用神经元网络、决策树等技术实现会计系统的高端应用。

第三节　信息时代背景下企业会计信息化的风险与防范

一、国内企业信息化的现状

随着信息时代的飞速发展，计算机科学逐渐渗透到生活的各个领域。在企业经营过程中，实施会计信息化对提高企业经营效率有很大益处。然而，国内当前的信息化发展与发达国家的信息化水平仍有很大一段差距。因此，出现应用错误将会导致国内企业会计信息化发展的不利因素逐渐暴露。而企业不明确会计信息化的最终目标，这将导致实施会计信息化的过程中产生错误方式和方法。一些企业对信息化的重要性没有明确认识，认为用计算机技术解决会计计算问题，也不能真正反映体现出信息化的优势。

二、企业会计信息化的风险

（一）信息技术的风险

网络是人们生活中不可或缺的一部分，它的出现使人们的生活更加轻松便捷，但对于网络环境的治理仍是一件困难的事情。在企业会计信息化方面体现为，数据存储在网络云端，极大地方便了公司内部人员对数据信息的公开使用，任何人都可以轻松、快速地获取完整的信息。然而，网络环境的不安全性也会导致公司内部信息的泄露，尤其是对于许多掌握公司决策方向的会计人员来说，数据的外泄和丢失会给企业发展带来巨大风险。此外，在目前的水平上，我们还没有一个工具能够采用足够全面的方法来检测所使用的会计信息系统是否安全，是否能够应对恶意扰乱，这种风险对企业的影响是不可预测的。因此，在使用企业会计信息系统时，必须严格检查网络安全。

（二）企业内部的人员问题

目前，大多数从事企业会计信息化管理的员工最初都是原来从事会计工作的人。一些企业不重视内部员工的培训，导致会计人员观念陈旧，对企业会计信息化认识不明确，无法充分贯彻应用信息化。由于会计人员陈旧的观念和对原始方法的保守使用，害怕被信息技术替代的思想等，导致有些企业会计人员不能深刻地认识到会计信息化在提高工作效率、实现会计工作职能转型中发挥的重要作用，会计信息化往往成了徒有其表的装饰品。此外，由于缺乏工作培训，从业人员在信息技术的操作中会出现错误，这将损坏企业的信息数据库甚至破坏整个系统，导致信息完整性和安全性降低。

（三）企业内部控制决策的风险

企业传统的内部控制方法已不适用于会计信息化。因此，迫切需要改变企业司的内部控制方法，但在这个过程中，无法避免失误，这就增加了企业经济的风险。随着信息化水平的提高，企业经营者的管理模式已经从最初的管理会计部门转变为使用该系统来管理会计人员、信息技术人员和其他企业员工。随着管理范围的扩大和控制对象的增加，人为的管理慢慢只占很小的一部分，大多数要依靠系统进行操作管理，这也使得许多因素都加大了企业会计信息化的风险。

三、应对企业会计信息化风险的措施

（一）加强网络信息化的监管

网络是一把双刃剑，因此必须强化其优势，提供健康安全的网络环境，使网络更好地为企业服务。但由于网络环境的虚拟性，有必要加强对网络的监管，并完善相应的网络法律法规并进行有效管控。对于企业来说，应加强对其系统的安全监控，定期对会计信息系统进行病毒查杀，时刻警惕病毒的入侵。此外，企业还可以设置适当的加密系统和附加口令密码，以确保进入会计信息系统的人员是内部员工，有效防止他人入侵。

（二）提高企业内部人员的信息化意识

充分利用会计信息系统后，必须及时调整企业内部人员，选择合适的人员管理该系统，并适当分配每个人的工作内容。人才是企业会计信息化发展的源泉，因此，企业必须加强对员工培训或及时招聘专业人才，以确保系统的合理使用。详细全面的专业课程将使会计人员了解更多会计信息化知识。重视提高会计人员的实际操作能力，是应对信息化飞速发展的最有效、最直接的途径。对于内部员工加强对企业会计信息化优势的宣传，让大家了解意识到信息化的前景，帮助员工理解企业会计信息化的内涵，实施会计信息化，提高企业的经营效率。

（三）加强完善企业内部控制

企业的内部是一个大环境，每个工作人员都有自己的职责，如何调动每一个人，使其尽心尽职为企业服务，是每个企业经营者都需要考虑的问题。企业会计信息化后，管理系统的规模将会扩大很多，如何有效管理每个工作人员是一项难题。企业要建立完整的管理制度，严格划分员工职责范围，梳理业务流程。企业要充分发挥内审作用，加强内部人员的互相审核机制，确保对每层审核人员给予不同方面的专业输出和判断，以及确保在工作中责任到人，避免审核流于形式。一些关键的风险节点可以通过系统进行前置化的设置、管控，避免因人为操作带来失误风险。通过制度、流程、系统三方结合，打造持续优化的内部控制体系，有效预防企业会计信息化过程中的相关风险。

第五章 云计算环境下的中小企业会计信息化模式

随着经济信息化步伐的加快，信息化已成为我们时代的主流和潮流，是衡量一个国家和地区现代化水平的重要标志。在当今互联网快速发展的条件下，会计信息化建设向云计算方向发展，云计算服务提供商在云计算技术的快速法展和科学应用技术的传播推广将有助于中小企业会计信息化更好、更快地发展。

第一节 基于云计算的中小企业信息化建设模式的构建策略

一、基于云计算的中小企业会计信息化架构选择方案

随着我国企业会计信息的发展，中小企业已经从会计电算化向会计信息化迈进，其中经历了从传统的会计信息化模式到网络时代的信息化模式，如自行开发、外包定制服务、整体购买等，无论哪一种模式都使用了当时最先进的信息技术来满足中小企业的财务需求。当今时代，随着网络和信息技术的高度普及，通信手段日新月异，多媒体设备也在不断更新换代，ASP 在这个快节奏的信息时代应运而生。作为有效利用资源的方法，企业可以在没有自己的会计信息系统的情况下完成整个财务流程。云计算在应用层面被认为是 ASP 的延伸和拓展，这种新型模式正在迅速占领市场，并为企业提高效率和实现最大价值提供了无限的空间。

（一）基于云计算的中小企业在选择会计信息化建设模式

云计算系统有三层服务架构，那么基于云计算的中小企业选择会计信息化建设模式也分为以下 3 种。

1. 软件即服务（SaaS）

软件即服务也就是 SaaS。与大型企业相比，此模式为中小企业的会计信息

化提供了更好的解决方案。在 SaaS 模式下，中小企业的资金实力不足以组建开发自己的内部云计算平台，并且数据也没有大型企业那么庞大。根据成本效益原则，租用云计算平台更为合理。SaaS 能成为中小企业的新宠，是因为它降低了中小企业自身的运营和管理的风险，降低了维护和人员成本，充分利用互联网在线服务，并在企业云平台上使用财务系统软件作为应用程序，以供企业按需租用资源。例如，云平台中有会计核算管理系统、固定资产管理系统、报表生成应用系统、存货管理系统等与会计信息化系统应用相关的模块，用户只需订购自己需要的业务模块，而无需购买软件许可和安装需要支持的软件和硬件，也从传统的一次性财务软件买卖关系转变为长期客户服务关系。在这个平台上，管理者可随时随地掌握最新发布的财务数据，让企业利用有价值的数据进行内外沟通和协调，尽早发现企业资金利用缺陷和财务管理漏洞，显著提高资金使用效率和管理效果，响应时代变化，及时抢占市场，对变化和趋势做出及时反应。这种模式无疑是促进中小企业会计信息化的良好选择。

2. 平台即服务（PaaS）

平台即服务是 PaaS。虽然 SaaS 模式在促进中小企业会计信息化方面有许多优势，但它也有一定局限性。作为延伸和扩展 SaaS 的进一步方式，PaaS 可以改善 SaaS 的不足。与 SaaS 模式提供的标准化应用不同，PaaS 可灵活地满足中小企业的个性化定制需求，因为不同规模和行业的中小企业关注财务报表信息侧重点不同，外部环境随时可能发生重大变化。统一财务软件可能不符合企业实际业务流程和当下的环境，缺乏从企业自身角度考虑。如果不能适应公司的财务流程，容易引起内部财务人员的抵制，会给财务工作的顺利开展带来困难，从而给企业带来损失。基于上述这些原因，从企业的角度来看，服务提供商采用 PaaS 模式，允许企业用户参与财务系统的开发过程。具体过程是由熟悉企业的财务流程的用户和技术专家组成一个团队来定制他们自己的财务系统；服务提供商提供个性化定制服务平台，用户利用他们提供的服务器、平台和开发工具等，财务人员将系统流程需求反馈给技术专家后，他们据此使用平台开发环境（如系统编程语言、开发程序、数据模型等）开始定制开发应用系统。初步开发后再结合财务人员的实际使用效果设置和更改一些参数，如基本配置、人员访问规则和授权、数据保护级别等。对于更复杂的需求，软件工程师可以修改编程语言的程序和脚本设计。这个过程需要财务人员和系统开发人员相互沟通和协作，使其更接近企业的实际财务管理流程。与之前自行开发的企业财务管理信息化建设相比，PaaS 模式的大大缩短了开发周期，更重要的是它满足了企业的个性化需求，并间接提高了企业在 IT 上的投资回报，在 PaaS 平台上进行定制开发将是一个长期的发展趋势。

3. 基础设施即服务（IaaS）

基础设施即服务是 IaaS。按照传统模式，企业开发会计信息化系统的第一件事是购买昂贵的基础设施，如专用服务器和存储设备，并建立数据中心，这种模式往往投资巨大、回报缓慢，这直接延缓了中小企业会计信息化过程。而在 IaaS 模式下，这些基础设施投资由专门的服务提供商提供，他们使用先进的服务器虚拟化技术将网络资源、存储容量和一系列网络资源转换为可计量出租的商品。企业只需要在使用的时候支付相应的租金即可使用对应的计算能力，而服务提供商拥有所有权，并负责机房和机器的日常维护。这种模式并不意味着企业不必投资所有基础设施，对于必要的基础设施部分他们可以通过比较自行购买或外包建设的成本来做出最佳选择。在新建中小企业的初期阶段，一般都是规模小、业务数量少，会计信息系统过于完善就会造成闲置，浪费计算资源和资金；还有一些企业的业务有明显的季节性变化，在淡季时大量资源处于非活动状态，而在旺季时需要对大量业务数据进行处理分析和挖掘提取。面对这些资源需求不平衡的矛盾状况，IaaS 模型帮助企业实现成本最小化和价值最大化。除了必要的基础设施外，需求量高峰期可采用租赁服务来应对，并在不需要时将其返还给服务提供商，从而降低企业的基础设施投资成本，实现资源的高效投资，达到 IT 资源供需平衡。

（二）云计算会计信息化与传统会计信息化的对比分析

1. SaaS 模式与传统模式会计信息系统的对比分析

（1）SaaS 模式的优点

第一，投资成本相对较低。从初始投入的角度来看，企业必须从软件开发商处购买传统财务会计软件，然后安装在自行购买的硬件设备上使用，之后相关软件和硬件的运营操作、维护和更新必须由企业自行解决，这些都要求企业在初始阶段投入大量资金，这严重影响了企业现金流的稳定性。而基于 SaaS 的在线财务应用软件安装在 SaaS 端的云服务器上，企业通过网络端口连接并使用 SaaS 财务软件，而无需购买财务软件和硬件设施。只需根据企业实际需要租用软件，并按月或按年支付一定的租金，不会对企业的现金流造成较大波动。并且从后续使用过程来看，传统会计信息化要求企业聘请专职 IT 人员维护会计信息系统的日常运营及维护，必要时还需要支付系统更新相关费用。基于 SaaS 的会计信息化系统由服务提供商负责，SaaS 提供商雇用专业人员负责对在线会计软件的日常运营维护，以及在线软件升级更新，用户无需承担软件和硬件的维护和更新，也无需为升级的软件服务支付额外费用，就能获得最新的应用技术并满足企业财务管理需求，这为企业节省了后续 IT 支出。

第二，数据协同合作。传统会计信息化环境下，财务软件安装在企业办公设备的终端上，会计人员只能公司访问会计系统，这对需要跨地域在不同地区工作的会计人员来说非常不方便。在基于 SaaS 的会计信息化系统中，会计人员可以通过互联网随时随地访问会计信息系统，消除了会计工作中的时空限制，实现了财务数据的共享交换，加强了会计人员间的协作办公，提高了会计工作效率，也为企业管理者提供了实时决策支持。

（2）SaaS 模式的缺点

第一，安全性。传统模式下，财务软件的运行操作环境是一个与互联网隔离的局域网，一般不会受到黑客网络攻击，况且财务数据存储在本地存储器中，非内部人员无法访问。而基于 SaaS 的在线会计服务，无论是使用的财务软件还是企业的财务数据，都设置在 SaaS 服务提供商处，用户对于数据可控性较低。如果出现网络问题或受到黑客攻击，可能会导致系统瘫痪，用户的财务数据可能会泄露甚至丢失。这些对于企业来说都是无法承受的重大损失，并将对 SaaS 在线会计服务产生无法预估的影响。

第二，稳定性。传统模式下的会计信息系统完全设置在企业内部，所有网络和硬件结构由企业自行配置。因此，除非出现电源故障或硬件故障等问题，否则财务软件的使用不会受到影响。而在 SaaS 模式下，企业通过互联网使用财务软件，所有会计信息都通过互联网进行输入、处理和存储。因此，从稳定性来看，如果发生网络断开或网络速度过慢，很容易造成会计信息的丢失，影响在线会计服务使用的可持续性。

第三，兼容性。在企业信息系统中，除会计信息系统外，还包括了供应链管理、客户关系管理、人力资源管理等子系统。如果这些系统中的一些使用云计算模式，而另一些使用传统模式，则必然会导致数据不兼容，并干扰子系统之间的协同办公。

第四，迁移成本。与传统财务软件相比，基于 SaaS 的财务软件具有更高的迁移成本。由于不同的 SaaS 服务提供商使用不同的数据接口，并且来自不同 SaaS 服务提供商的数据不兼容，因此用户如果希望替换另一家 SaaS 服务提供商的产品，用户将会产生巨大的迁移成本，甚至面临无法再使用以前财务数据的风险。如果 SaaS 服务提供商因市场竞争而失败倒闭，他们的用户将面临财务数据丢失的困局，或者即使它们幸运地被保存下来，仍将遇到数据不兼容的问题。因此，企业用户在选择 SaaS 服务提供商和产品时必须谨慎，可以先试用一段时间，在经过评估后再选择。

2. PaaS 模式与传统模式会计信息系统的对比分析

（1）PaaS 模式的优点

传统模式下的财务软件开发，要求开发者在硬件设施上安装并测试运营操作环境，并且都是需要付费购买的。在 PaaS 模式下，开发人员只需负责程序开发和测试，而不必负责硬件和运营操作环境配置，此外 PaaS 平台为开发者提供可选的语言支持和基础架构定制途径的功能，极大地促进了财务软件的开发，并且允许开发者以非常低的成本测试软件性能。对于作为用户的中小企业来说，PaaS 不仅带来了开发、运营和维护方面的变化，还优化了企业的组织结构，带来了企业运营的创新，使企业具有更大的竞争力。

（2）PaaS 模式的缺点

首先，每个平台缺乏统一的架构模型，其运行标准和数据接口的口径也不相同，这将导致未来高额的迁移成本。其次，任何通过互联网连接的软件都将受到网络安全的威胁，这也是不可避免的。

3.IaaS 模式与传统模式会计信息系统的对比分析

（1）IaaS 模式的优点

第一，节省前期投入。较于传统的会计信息化，IaaS 模式可以节省中小企业硬件设施的前期投入。通过从 IaaS 服务提供商处租用硬件设备，没有重资产运营也可以享受同等质量服务，并获得所需的计算能力和存储能力。这对于中小企业来说，节省了会计信息化前期投入的一大笔费用，优化了资产运营情况。

第二，弹性扩展。基于 IaaS 的会计信息化同传统会计信息化相比，能够获得较高的硬件弹性，它可根据财务软件的需求和扩展，随时调配需要的硬件设备，为企业量身打造会计信息化的运行环境。

第三，专业的后期维护。同传统会计信息系统相比，基于 IaaS 的中小企业会计信息系统自身不需要对其硬件进行维护升级。IaaS 服务提供商利用专业的技术团队来对基础设施进行管理。在新技术方面，IaaS 能够及时根据服务协议满足用户升级需求的响应，维护和升级更新存储器和服务器，能够解除中小企业的后顾之忧。

（2）IaaS 模式的缺点

第一，安全问题。IaaS 与传统的会计信息系统相比存在着更多的安全隐患风险。它涵盖了一切基础设施资源，所有物理设备都由服务提供商虚拟化并出租给用户。因此用户的财务数据存储都在服务提供商的云平台上。在远程网络访问时，多用户运行在他人设施上，会有传输安全、接入认证、抗干扰性及第三方访问权限等问题。

第二，稳定性问题。IaaS 的原理是将一个资源池分块出租，总资源不变，但是每个资源块可实时增减,多用户共享一个资源池就容易存在其他用户是否会影响用户主机的问题。此外,IaaS 服务商是否像传统会计信息系统那样提供全天 24 小时服务、存储是否安全留有备份、网络的畅通程度等一系列的问题都是用户在选择 IaaS 服务商时所需要考虑的。

（三）中小企业选择云计算架构服务的关键点

1. 选择合适的云服务提供商

首先,前文结合企业会计信息化的现状并分析了现有的优缺点,如何提高会计信息化水平,应充分考虑新软件系统的引入对现有会计流程和财务人员的影响;其次,与云服务商做好沟通工作,提前了解服务商的实力、资质和声誉,认真慎重研究云服务的产品或解决方案给中小企业财务改革带来的效益,综合分析后确定租赁意向。目前,许多云服务已经推出免费在线使用部门财务系统的功能。中小企业可利用这种优惠折扣并利用它们免费提供的服务,从而降低寻找合适服务提供商的成本。虽然这项服务在时间和功能上都有限制,但中小企业可以尝试通过试用对比企业原有的会计信息化系统和利用云服务后的会计信息化系统带给企业的价值。

2. 签订服务级别协议

中小企业利用云计算实施会计信息化的成功在很大程度上取决于服务提供商的质量。双方需签署正式合同,明确各自的权利和职责,包括服务内容、价款报酬、数据存储、违约责任等条款要仔细核对清楚。服务商承诺中小企业在应用公司云计算服务后,将对企业会计流程改造转型的实施效果和具体衡量方法做出详细规定。

3. 结合实际拓展完善

随着中小企业宏观环境和内部环境的变化,对会计处理提出了更高要求,原有服务必须横向拓展、纵向深度发展。云服务提供商需与客户保持密切联系,需要在对系统升级改进时及时满足客户需求。

4. 售后服务

当资源交付给客户使用时,最好配备专门实施顾问,将企业在执行财务信息时遇到的问题同步传递给云服务提供商,以便在使用后不断改善提高使用效果。通过这种方式,才能与客户保持一种有利于双方的长期关系。

总之,由于虚拟化技术的日益成熟,基于云计算平台的中小企业会计信息化可以实现获取大量的计算能力和数据处理能力。在服务提供商提供的云计算平台中,它可以用于支持多个操作系统并相互独立运行,即使用虚拟技术将资源抽象化，基于虚拟技术运行计算机软件，在兼容模式下减少 CPU 占用消耗。这样可以显著提高计算机的使用效率，也可以有效降低计算机基础设施的投资成本。在中小企业会计信息化改革中，低成本是推广云计算的关键条件之一。因此我们要借鉴成功案例，不断从技术层面完善云平台建设，结合先进的 IT 技术帮助中小企业实现会计信息化。

二、基于云计算的中小企业会计信息化机制分析

在早期阶段，中小企业致力于开拓市场，在激烈竞争的夹缝中求生存。此时生存对他们来说是首要的。由于其资金不足、业务量小、利润低、人才匮乏、会计处理也相对比较简单，无需高度的会计信息化水平即可满足日常财务处理需求。现在部署云计算环境是利用公有云，选择 SaaS 按需租赁服务的策略。一旦中小企业生存下来，接下来就会成长壮大，业务逐渐增多。最初的云策略无法适应日益复杂的财务流程，进而需要专业的 IT 服务。企业有权自主选择使用私有云提供部署云模式环境，选择 PaaS 平台作为服务策略，在平台上以低成本享受个性化定制、可靠的专业应用程序。随着规模的进一步发展，企业也进入了稳定的运营时期，周期性生产是这一阶段最显著的特征。在周期性的循环阶段，企业会计业务的复杂性是不同的。这时利用云计算可实现自动按需分配 IT 资源，高峰期分配足够资源，低谷时再过滤返回不需要的资源。这就是云计算模式下的灵活弹性分配资源优势，实现了"随需应变"。

随着云计算在中小企业的逐步引入和会计信息化的普及，云平台上存储的数据越来越大，可以支持更多功能，为方便企业会计信息一体化可支持的功能也会越来越多。当云端积累大量的计算资源，有可能出现系统瘫痪的情况。为确保云平台在需求高峰条件下正常运行，需要根据具体情况建立有效机制，应对特殊情况发生。

（一）个性化模块机制

中小企业的财务处理过程、数据需求和商业运营模式等与其所处行业、规模、区域经济结构和信息化水平密切相关。因此，中小企业的会计要求是不同的。中小企业传统的会计信息化模式通常包括购买财务软件，以及在客户端上安装运行财务系统。如果个别企业有定制需求，他们可以联系软件供应商并通过授权访问更改客户端程序中的相应代码实现高级设置。此财务系统具有高度的可扩展性。而云计算模式下的财务服务不同，中小企业不必购买软件系统，只需在必要时租用 IT 资源。此外，对于考虑搭配许多使用云服务的客户来说，通用性是设计系统功能时最重要的考虑因素，运行操作系统由服务提供商管理和维护。而对于有特殊要求的客户，软件供应商则有必要开发个性化服务机制，以优化设置

并满足这些个别中小企业的特殊需求。

为了满足中小企业用户财务软件的需求，云计算服务可以提供各种接口和算法，即如果用户有特殊需求，企业授予一定的权限，根据不同的地区和行业安装相应的对口控件并启动相应算法的接口。用户可以在自己客户端上对程序进行二次开发，利用云计算服务中的核心模式，根据自身特点定制自己所需的控件和算法。这可以降低用户购买软件的花销，节省购买冗余控件费用，减少云服务资源的同时最大限度地利用资源，减少核心资源的浪费。例如，如果当某个行业税率、地域的特定税率发生变化时，中小企业可以利用控件发出请求单独修改某个算法，帮助企业进行纳税筹划，使其在合法的前提下降低纳税成本，有效地实现股东价值最大化。

许多中小企业也从事跨境贸易。为了确保会计核算的一致性，云服务提供商还应根据公司的要求，添加更改平台上多种语言任意切换的功能。当然，前提是我们必须尊重国际和国家会计准则，可以方便地反映、记录、确认和披露以外币计量的经济事件。为了帮助企业全面实现整体信息化，一些云服务提供商还将会计模块与其他业务模块紧密联系，如销售模块、进货模块、存货管理模块、生产流转模块等。当这些多功能模块集成在一起，可用于连接各种业务流程生成的数据并及时生成财务数据，从而节省各自运行成本。所有这些都旨在协调和平衡中小企业个性化需求和云服务提供商的标准化财务体系。

（二）数据存储机制

一般来说，会计档案记录保存时间很长，从 3 年到 30 年不等，一些重要的会计记录需要永久保存。电子数据存储作为记录和反映经济交易的重要历史资料和证据具有特殊的意义。然而，随着业务增加和时间的推移，会计数据也在不断增加，使数据的保管更加困难。此外，病毒入侵、计算机软件更新、硬件淘汰及物理性质硬盘损坏等不可避免的问题，在本地计算机上仍然存在，当公司面临改制、更换软件服务商或者会计政策的变更，必须对往年的数据进行追溯性调整，以确保其有效存储、备份、转移、更新等，使会计核算具有连续性是中小企业面临的关键问题。

目前，大多数软件供应商在努力保持与客户联系的同时，采用了垄断的方法将数据接口难以兼容，这使得后续的数据转移传输变得更加困难。同时，随着数据量的增加，云端存储的信息量也随之庞大，考虑到会计数据的具体存储期限等要求，将会计数据存储机制嵌入云端服务中。该数据存储机制应具有足够的软约束，云端服务要在遵循会计法律的前提下，根据中小企业用户的意愿设定会计数据的存储期限，在存储期限届满后应用户要求及时删除过期数据，并及时优化处理冗余的大量数据，确保所有财务数据的真实性、准确性和重要性，符合勾稽关系。另一方面，需要制订合理的行业标准，不同的服务商采用某种通用的接口，使他们能够成功地将中小企业的财务数据从一个服务端转移到另一个服务端，方便企业转换服务商时依然能使会计核算连续进行。

（三）安全机制

1. 访问认证设置

中小企业最重要的核心财务数据都存储在云端，这就存在很大的安全风险。如何防止未经授权的访问、确保财务数据的机密性、避免商业秘密的泄露是云端服务最大的挑战。许多软件服务提供商为此提供统一的身份验证。服务提供商将中小企业部门人员信息及登录信息进行编组，存储在服务商内部资料中，以形成有关公司访客的信息数据库。该方法通过对硬件系统进行认证，提高了数据存储的安全性，但却很难克服时间和空间上的限制，使用户无法做到随时查询访问数据。目前，银行接受的网上支付方式提供了很好的借鉴。服务提供商根据不同的企业制作并颁发唯一的 USB 存储器 CA 证书，并为每个用户颁发唯一证书。用户登录时，只有在身份信息与 CA 证书匹配时才能登录，并根据用户的权限进入系统查询对应级别的数据，有效降低了账户被盗或未经授权越权操作的风险。此外，还可以引入彩虹验证和指纹识别等高科技生物认证机制。当然，这会增加中小企业的服务成本，不过如果用户规模扩大时则可以降低每个用户的成本。因此，企业应全面权衡成本效益再选择其适合的安全机制。

2. 数据安全

目前，数据的传输过程也存在很大的安全隐患，黑客可以通过网络对所需要的财务数据、商业信息进行窃取，或者在数据上传时对财务数据进行篡改，从而影响数据的完整性，因此在数据的传输过程中也应该采取必要的安全措施，如数据库隔离机制、网络存储备份、在客户端使用 Cookies 加密、URL 随机码、SSL 或 IPsec 加密等技术。中小企业还可以将云端的 SQL 数据库进行加密，这样即使黑客在数据传输中窃取信息也不能得到有效的数据，或者在网络中开辟一条专用的传输通道，减少信息在传输过程中丢失，也可以为用户配置专用的、随时变更的密钥，只有密钥正确方能接收数据，避免数据随意传输，减少数据传输中接触到不良的信息，提高数据交互的安全性。服务商还应该提高防范意识，日常对数据进行严格的备份，在数据库主机上起码配备双机系统，以应对偶然事故发生，可在必要时恢复数据。

3. 网络稳定性

为了确保会计核算的连续性，对网络传输速度和网络质量提出了更高的要求。云服务提供商的服务器和数据库的数据在传输过程中不能存在拥堵及丢包的现象，如若发生丢包则数据会不完整，这将对财务数据的分析和使用产生严重影响。此外，为满足财务数据处理时间紧迫性要求，业务发生时必须及时确认、核算和披露，就必须确保网络传输速度快。一旦无法及时提供某些数据，企业可能会错过最佳的营利时机。因此，储存中小企业重要财务数据的网络系统应配备双网线路，一条是常用主线路，另一条是应急线路，并由几个不同的独立运营商提供网络服务，以确保业务不会因网络中断事故发生时中断，它还可以设置级别优先处理重要会计信息。

4.商业秘密安全

如今各种重大商业秘密泄露事件层出不穷，带来了不同的损失。云数据中心存储的中小企业核心财务数据一旦遭到泄露，将牵扯到中小企业的生存和发展，其负面影响将是中小企业无法承受的。财务数据不同于其他普通数据，它们关系到企业的生命。财务数据包括企业业务流程的所有方面及与企业相关联的客户信息。为了有效降低数据泄露风险和数据库黑客入侵的风险，中小企业应该对数据级别进行分类，将一些高级别数据置于中小企业自身的控制和保留之下，使其易于随时访问和调取。建立动态商业秘密监控机制，任何访问都保留日志记录，建立泄密事件发生时的反应机制。当然，作为数据管理和维护的云服务提供商，其员工的诚信水平也直接影响商业秘密的安全。

（四）会计信息披露机制

随着经济的发展，财务造假事件频繁发生。会计信息如何合理披露一直受到广泛关注。由于会计信息的使用者来自不同的部门，包括股东、企业员工、管理者、政府部门和消费者，他们关注不同的信息需求。近年来，随着网络在线财务报告的兴起和可扩展商业报告语言（XBRL）技术的发展，对会计信息披露的要求进入了一个新阶段。会计信息的外部使用者更关心所披露信息的真实性和可靠性，并据此做出适当的经济决策。因此，为了减少中小企业财务舞弊的可能、财务造假的空间，有必要及时、充分、准确地披露会计信息。作为财务服务提供商，云服务提供商是独立的第三方，应该发挥监督和平衡作用。借助先进的标准报告语言，使不同会计政策下的中小企业财务报告内容标准化，具有可比性。为此我们应该转变思路，尝试让云服务提供商代替中小企业执行信息披露。这意味着云数据库中心应实时同步更新会计数据，对存储在云端数据库中的信息要能直接控制数据接口。一方面，中小企业按需租赁支付费用享受云计算服务商的IT资源，供应商必须在知情的情况下遵守监管机构的规定，并及时、合理地披露企业的会计信息。另一方面，如果其他信息用户希望访问查阅中小企业个别所需财务数据时经过企业和云服务提供商允许后付费获取并达成合法的协议，云服务商还可以收取信息查询费，与企业分享这部分收益。需要注意的是，云服务商本身是不可访问企业会计信息的，它仅仅是提供一个接口供授权用户查询，除非得到企业授权允许代理财务记账、生成报表等。通过这一机制可以减少会计信息不对称和会计信息失真的问题，使信息内容符合会计法律法规的标准实施披露内容。

三、中小企业会计信息化系统与云计算的结合

云计算的出现很快给中小企业会计信息化带来了新的变革，重要的是要在原有中小企业模式下的财务数据和业务流程与云模式之间实现充分有效地沟通和衔接。中小企业需要根据业务模块区分数据处理各自流程，如成本费用模块、利润模块、固定资产管理模块、报表模块、查询模块等，使他们在各个环节掌握关键的控制点和核心数据，厘清彼此之间的勾稽关系。在采用价值链分析方法时，可根据需要通过租赁获得低增值非核心资源，从而集中精力投身于重要的增值业务中去。在分析了中小企业会计信息化的现状后，有必要将具有强大技术优势的云计算引入。基于云计算的中小企业会计信息化模式结构可分为五个层次，应用层结构、云平台服务层、数据中心层、基础设施层、虚拟化硬件层，不同的结构对应不同的服务，五个层次的有效整合相应地促进了中小企业会计信息化。

应用层结构是一种基于中小企业日常会计系统的软件服务系统（SaaS），并搭建了财务数据查询系统、薪酬福利系统、经济决策支持系统、财务部门的门户访问及与会计业务发生密切联系的模块。中小企业无需自主开发会计系统、应用环境或者建立数据库，可以灵活利用云平台提供的服务。关于企业的核心会计信息和在决策中起重要作用的经济信息，可以利用中心数据层完成大量的计算处理分析。通过基础设施（IaaS）服务提供的虚拟硬件资源将利用计算能力大、内存容量大、硬盘驱动器、是否需要数据的备份等计算资源分配给不同的用户，根据用户需求进行数据备份以出租给用户，根据使用时间向用户收取的费用以达到弹性利用计算资源能力。最终，这几个层次提供的服务归根结底都需要通过Internet实现基于云计算的会计信息化体系。

要通过云计算构建中小企业会计信息化体系，必须构建三个组成部分：一是会计核算平台，包括总账、日记账、明细账、存货管理账、成本核算账、收入账等具体业务集成的日常财务核算系统。第二，财务管理综合平台，通过企业价值综合分析指标、资金投资分析、筹资管理、运营分析、平衡计分卡等总体预算指标体系，创造企业价值的最大化。第三，企业管理的综合平台，企业的采购、仓储、生产、销售、行政管理、客户服务、售后管理等与财务流程密切相关，必须把这些业务有机地融入企业信息化管理综合系统。例如，在进行某项业务时，业务数据被传送到云平台进行处理并实时记录，以便在会计信息系统中生成财务数

据。云计算环境使得企业日常业务，如与银行对账、向税务局报税、会计师事务所审计、客户之间交易等和会计信息系统整合为一体，方便彼此之间相互沟通，促进了企业内部不同流程之间的协作，可以及时反馈外部信息到企业的综合系统中实时作出决策。

第二节 基于云计算的会计信息化模式的实施对策研究

一、宏观层面的实施对策

在国家政策方针的指导下，改善中小企业会计信息化发展的宏观环境，明确政府态度以及制定出台规范统一的云计算法律法规可以为企业推广云计算提供法律保障，促进云计算的发展。近年来，国家也逐步出台了一些列支持云产业创新发展的政策。作为我国产业主管部门的工信部也一直致力于发展国内的云计算产业，联手相关部门共同加强规划指导云计算产业，推动创新并在多个城市展开了云计算服务创新试点示范工作，但是迄今为止也没有针对云计算发展完善的法律法规。云计算产业涵盖国家经济生活的方方面面，支持和促进生产力发展，但云计算技术尚不成熟，各个主体之间权利责任关系错综复杂，导致国家机密安全、个人隐私保护、技术知识产权保护执法认定、取证难等法律问题。

加快中小企业会计信息化进程，完善云产业环境，需要从多方面入手。首先，可借鉴发达国家政府的做法，对我国云计算产业环境进行摸底调查后由政府参与邀请相关社会各界集思广益，制定符合国情的云计算产业法律法规和行业标准，紧跟云计算市场环境变化，随时修订条款。须加快有关云计算安全领域的立法进度，形成一整套科学的云计算安全法律体系，尽快出台制定云计算安全标准条例，以规范云计算产业的健康发展。此外，建立一个全面、科学、公平的社会监督机制也必不可少，有关部门及相关服务机构要制定并严格执行云计算服务市场准入制度，加强互联网、骨干网互联互通的监管，多方努力加快出台针对云计算服务质量标准、评估和认证方面的细则，同时可充分利用第三方监理等通行的监督机制，授予第三方监督云计算服务商提供的合格财务服务，确保中小企业使用云计算会计服务达到预期的效果。再次，政府从国家层面制定好发展中小企业会计信息化的规划后，政府应采取扶持措施和财政支持。完善中小企业创新机制，建立中小企业创新研发基金，可以适度在中小企业免费开展先进科学技术的使用，鼓励有知识、有技术的大学生选择中小企业，政府、学校及中小企业三方协作，共同培养专业化人才，壮大中小企业人才队伍。最后，建立一套各方认可的中小企业财务信息化指标认证体系，以引导和评价中小企业会计信息化水平的发展。总之要从宏观上全力推动云计算在中小企业会计信息化的应用，加快我国中小企业实现低成本、高效率的财务信息化进程。

二、微观层面的实施对策

微观层面的对策主要从基础设施与会计信息化人才培养两个角度来考虑。

（一）基础设施方面

1. 加快我国自主云技术平台开发建设和完善基于云计算的财务会计应用功能与服务

云计算的成功应用在于云平台的稳定运行和强大的服务能力。我国要加快具有服务器、网络存储等配套设施的云平台的自主建设，整合各种资源高效开发平台，同时确保云计算平台稳定持续运行。云计算平台中为了更好地提供财务应用服务，须事先针对各个行业、地域、规模的中小企业财务需求进行调研，突破现有的传统功能，增加个性化服务，比如财务顾问、市场预测等。云计算模式下面向中小企业财务会计应用应关注中小企业的会计需求，它不再像以前的中小企业财务软件只提供简单的日常记账、资金管理等，还需针对中小企业的实际需要继续完善后续服务，逐步整合中小企业采购、生产、销售、人力等业务流程和财务流程。

2. 高速、可靠、低成本的网络性能

云计算产业的发展依赖于快速、可靠和低成本的网络性能，其核心是基于网络的应用。中小企业基于云计算的会计服务质量直接受到接入网络带宽的限制。正如道路的宽窄直接影响高速公路的畅通，用户在高峰时段使用云服务时，网络带宽达到峰值，也将面临着服务中断和网络瘫痪问题。由此可以想象，稳定高效的带宽将对云服务的质量产生多大影响。未来网络发展方向必然支持流量更大的带宽，从数百兆到千兆再到上万兆，互联网持续满足不断增长的庞大数据需求。随着云计算应用中互联网流量的显著增加，企业级别的各种服务和个人业务逐渐通过网络获取，百兆接入、千兆骨干的网络结构已显得落后，未来将流行普及千兆接入和万兆骨干的网络结构。

3. 数据安全防护

在选择云计算来提高会计信息化水平之前，中小企业会对其安全性进行一定的评估。云计算虽然改变了服务模式，但并没有打破传统的安全模式，中小企业应加强安全防范意识，随时监控和分析安全漏洞，及时与云计算服务提供商沟通。首先，中小企业应提前充分了解云计算服务提供商的安全机制、数据保护和恢复能力，确保其财务数据与其他数据的安全隔离,防止未经授权的用户登录访问系统窃取数据,充分了解管理员的详细信息,合理分配用户登录系统的身份认证和操作权限设置,采用数据密钥加密技术和虚拟化技术,更好地保障企业财务数据的安全。其次,中小企业在选择使用云计算平台时,应严格审查不同级别的财务数据,对于核心财务数据暂不适合转移到云计算平台上的,先将非核心数据放入云计算平台,待测试其安全可靠后逐步迁移。最后,中小企业还应有自己的数据备份计划。目前,许多云计算服务提供商为防止系统崩溃、网络中断等意外灾难事件发生导致数据丢失等情况,相应配套了多机备份方案。但是,为了加强关键核心财务数据的安全性和连续性,中小企业可以实时从云服务提供商平台将数据导出,并备份到其他数据存储中心。总之,应不断从多方面努力,加强云会计的安全性。

(二)会计信息化人才培养方面

中小企业会计信息化建设不是一蹴而就的,而是一项与时俱进的长期工程,该工程的顺利运行得到管理层的充分重视只是前提条件之一,关键是要拥有一个专业的人才队伍体系。中小企业管理者应从根本上认识云计算对企业会计信息化的重要意义,要注重培养熟悉计算机的财务人才。由于许多企业在实施基于云计算会计信息化建设过程中,会计部门和信息技术人员之间存在冲突,财务人员希望引入云计算建设模式以提高财务处理效率,而信息技术人员则会因为引入云计算会被裁员而感到恐惧。在采用云计算之前,企业高层领导者需要统一内部思想认识,宣传云计算会计信息的优势,对关键业务部门的员工进行新的业务流程培训,制定激励措施并鼓励员工配合与云计算推广合作,学习最新的信息技术知识,为变革财务流程消除人员障碍。企业应加强对在职人员财务知识的继续培训,掌握最新的会计信息化方法,提高财务人员的从业素养。

第六章　物联网环境下的会计信息化建设

"物联网"的概念自正式诞生以来,已引起世界各国的广泛关注,科学界和实践者对此表示了浓厚的兴趣,一致认为它将对社会生产和生活产生重大影响,成为社会变革的重要动力。智联家居、智能医疗、智能安防的关系的发展与物联网的发展密切相关。

第一节　物联网与会计信息化的关系问题

一、物联网的基本内涵

（一）物联网的概念、特征与体系架构

1. 物联网的概念

麻省理工学院的自动识别（Auto-ID）研究中心是首批研究物联网的机构之一。它对物联网的定义如下：数量众多的物品通过射频识别技术（RFID）、条码等信息采集传感设备传输实时信息，建立数据信息系统，实现与互联网系统的集成融合，最终实现互联的智能化识别和管理。这个概念的本质是将物联网定义为射频识别技术与互联网的结合，这主要是从技术角度对物联网进行的定义。

物联网的概念是在 2005 年国际电信联盟（ITU）的信息社会世界峰会（WSIS）上正式确立的。其随后发表的题为《2005 年国际电联互联网报告——物联网》的报告指出：我们正处在一个变革的时代，信息和通信技术的快速发展实现了人与人之间跨越时空的沟通交流，人与物、物与物之间的连接沟通正成为我们下一步的目标，物联网技术的发展是实现这一目标的前提条件。将任何时间、地点和人的连接扩展到任何对象的连接，那么万物的互联就成为物联网。国际电信联盟的报告正式提出并介绍了"物联网"的概念。它将物联网定义为实现万物互联的网络。从这里我们可以看到，国际电信联盟对物联网的定义只是进行描述，而不是一个确切精准的概念性定义。

在我国，长期从事物联网研究的姚万华将物联网定义为：通过射频识别等感知设备，借助现有互联网信息系统连接起物体与物体、物品与网络，进行智能化的物品信息采集与传输，实现信息的智能化处理，以达到对物品进行智能化管理的目的。

从上面可以看出，对于"物联网"定义的角度不同，其定义的内涵也不同，我们可以将物联网定义为基于计算机技术和互联网技术的发展和普及为基础，以 RFID 技术和二维码技术为支撑，按照约定的协议标准，借助无线通信基础网络，进行物品相关信息传递和交换，进而实现物与物、物与人、人与人之间的沟通、定位、跟踪、监控和管理的智能化网络。

2. 物联网的特征

与计算机技术和互联网技术相比，物联网的新特点包括以下几点。

（1）物联网实现了"物"与网络的互联

在物联网环境中，智能芯片嵌入到互联的物体中，并且可以通过 RFID 技术随时向网络发送信息。数据网络中的数据同物体的状态相互关联，物体本身会注入位置、温度等信息，并随着物体状态变化随时记录于智能芯片中。智能芯片实时向网络系统发送有关物体信息，并动态更新网络系统数据，物体成为网络系统的有机组成部分。

（2）实现信息源数据与物质实体的直接关联

物联网技术的应用使"根据实物追踪数据"和"根据数据查证实物"成为常态，物质实体与物体信息是相互关联的，物质实体的转换必然导致信息源数据的变化。分别验证物体具象与信息源相关的数据，这克服了传统企业管理中物品信息和其自身的分离与脱节，信息源相关的数据与物体自身高度一致。它实现了会计信息的可靠性和真实性，提高了会计工作对实务资产的管理效率，为企业资产的有效监控提供了实用可行的技术手段。

（3）实现了实时化的信息处理系统

在传统的数据网络中，网络中的数据系统由手动输入补充。造成的结果表明：第一，由于人为因素的影响，数据的真实性较差；第二，反映物质属性的数据信息有滞后性存在，物质属性与数据信息难以高度一致。物联网技术的应用使数据库中的数据随着物质属性的变化而及时更新，也使得数据库系统的数据录入和系统升级的更新升级愈加方便，提高了数据更新的效率，增强了数据的客观性。物质属性将与网络数据同步动态更新，实时化的信息处理系统成为必然。

3. 物联网体系架构

目前，人们对物联网的技术架构体系有了统一的认识。大家普遍认为，物联网的技术体系包括三个层次：感知层、网络层和应用层。形象地说，当物联网被当作是社会中具体的一个人时，感知层相当于人体的皮肤和面部五官，网络层相当于人体的神经中枢和大脑，应用层则相当于社会中人与人之间的分工。

（1）感知层

将物联网系统与人体进行比较时，感知层相当于物联网系统的皮肤和五官，它具有识别物体和收集信息的功能。它主要用于收集物理世界中的物理事件与数据，包括各种物理量、身份标识、位置信息、音频、视频等。在感知层面中用于识别物体和收集信息的设备包括：二维码标签和识读器、RFID 标签和读写器、摄像头、GPS、传感器、终端和传感器网络等，数据采集与执行主要利用智能传感器技术、身份识别等其他信息采集技术，从物品上采集基本信息，并接收上层网络发送的控制信息，完成执行相应的动作。这相当于赋予物品嘴巴、耳朵和手，它们不仅可以在网络上表达自己的各种信息，还可以接收网络控制命令，并执行类似于人类皮肤和面部五官的相应动作。

（2）网络层

网络层是物联网的神经中枢和大脑，它的主要功能是信息的传输和处理。该层的主要任务是将感知层捕获的数据信息快速、准确、安全地传输到数据中心，使互联的物品间能够借助该层进行远距离的数据传输，来实现数据通信。这个过程对应的是人类借助于一定的交通工具在一定范围内的流动。在网络层，包含许多如管理中心、信息中心和处理中心等网络和数据管理中心，这些处理中心的功能与人体内神经中枢和大脑的功能相似。

（3）应用层

应用层面是物联网的"社会分工"。它富有个性，并与行业的个性需求相结合以实现广泛智能化。这里通过网络层传输的感知层信息被收集起来并进行汇总，并将汇总信息借助处理系统对其进行分析和决策，将处理后的信息应用到不同的部门和行业，充分发挥物联网的应用和服务功能，推动社会管理和生产方式创新。

（二）物联网与互联网的关系

众所周知，物联网是在互联网技术和计算机技术发展的基础上建立起来的，有部分学者将物联网称为"互联网+"，显然，物联网的发展同互联网密不可分，二者不可分割。

1. 物联网与互联网的联系

物联网和互联网不是孤立的，二者相互联系又彼此不同。当信息技术按照发展阶段被划分时，计算机技术是第一阶段，互联网技术是第二阶段，物联网技术是第三阶段。在物联网的发展中，有人认为物联网是互联网从虚拟化到实体化的发展。物联网有可能成为"互联网的下一站",成为继计算机技术和互联网技术之后世界信息产业的第三次革命浪潮。

物联网是通过读写器、传感器及二维码等智能信息传感设备,按照约定将物品与互联网连接起来进行信息交换和数据通信,以实现对物品的智能识别、定位、跟踪、监控和管理的网络。互联网的发展是物联网的基础,物联网是对互联网进行的延伸和扩展。

2. 物联网与互联网的区别

物联网和互联网之间的区别可以通过起源、面向对象、发展过程和用户来区分。计算机技术的发展和信息技术传播的加快是互联网发展的基础和支撑,传感器的创新以及云计算等则是物联网发展的前提;互联网是人与人之间的沟通交流的网络,而物联网是人与人、人与物、物与物之间进行的通信和数据交换的网络;互联网的发展是一个从技术的研究到分享和使用人类技术的共享过程。物联网是一个芯片多技术平台的应用过程;互联网时代是一个内容和体验创新的时代,"技术就是生活,想象便是科技"则是物联网时代的主题;互联网时代是精英文化主导的时代,物联网时代则是草根文化主导天下的"活信息"世界。

二、物联网与会计信息化

会计作为社会科学,外部社会环境决定了会计方法、理论的形成、发展和变化。社会环境对会计的影响是深刻而直接的,下面将从企业外部宏观环境和企业内部微观环境出发,分析物联网对会计环境的影响。

(一)物联网对外部会计环境的影响

事实上,物联网技术是现代信息技术发展的必然产物,正如我们的生活因使用互联网和计算科技而发生的变化一样,物联网技术的发展无疑会对我们的生产和生活方式产生深远的影响。

1. 物联网对社会生产方式必将产生深刻影响

随着物联网技术的发展,人与物、物与物、人与人之间形成了巨大的信息网络。通过这个网络,企业管理层可以随时监控企业生产中的材料的消耗情况,产品加工、生产、运输、供应等各个环节,商品的流通销售情况,企业员工的工作状况和客户对产品的实时反馈;对政府部门来说,实现了对城市交通的有效引导和管理;对于个人而言,它帮助人们合理选择自己的行程路线,随时随地掌控家中事务等。

2.物联网对社会生活方式也将产生深刻影响

国际电信联盟曾在一份报告中描述了物联网技术对人们生活的影响：如果司机出现操作失误的时候，汽车会自动报警提醒；每天随身携带的公文包将及时通知主人需要携带的物品；衣服会根据面料织物和干净程度的不同，告诉洗衣机所需要的洗涤模式和洗衣液的用量……现在这些看起来都不太可能，但随着物联网技术的发展，都将变得习以为常。

（二）物联网对内部会计环境的影响

1.推进企业组织结构扁平化

每一次科技浪潮都会给企业的组织和管理结构带来变革，快速发展的信息技术，使得世界产业结构从物质型经济向知识型经济转变。物联网技术的发展也将是一场产业革命。一些传统产业将被淘汰，新产业、新产品和新服务必将不断出现；网络化、数字化、智能化与产品的生产、销售和服务相结合；小批量、个性化定制生产取代批量大规模生产；以质量和效益为代表的集约型生产方式取代以数量和高资源消耗为代价的粗放型生产方式；金字塔垂直管理被网络式水平管理所取代。

2.物联网促进企业内部各职能部门之间的协调

计算机技术和互联网技术在企业管理中的应用，提高了企业内部的信息传输效率，但企业内部仍存在"信息孤岛"现象，对于大型企业来说，"信息孤岛"现象尤为严重，其原因是以前的工作网络仍然是由相互分离的子系统组成的，无障碍的企业综合网络系统远未形成，企业系统之间的联系不那么紧密。物联网技术的出现将使企业能够建立一个网络系统，在这个系统中，与企业相关联的人与物能够可实现无障碍的智能化沟通。

第二节 物联网环境下的会计信息化建设实现路径

一、会计信息化存在的问题及原因

（一）会计信息化存在的问题

1.会计信息化理论建设滞后

目前，关于计算机技术和互联网技术对会计领域影响的会计理论构建研究较少。从信息化建设的理论研究来看，其研究明显滞后于会计信息化建设水平，理论研究的滞后性制约了会计信息化发展的进程。以会计理论研究中的会计假设为例，它是传统会计建立的基石，并规定了会计工作的时间、空间上的范畴。在传统会计理论中，基于网络环境下时间和空间的"二维"坐标的"二维平面单向传递"会计概念出现了相对不适应性。例如，企业是会计工作的主体，随着信息技术的发展，企业的组织形式随之发生了变化，这就要求重新定义和延伸会计主体假设的空间边界范围；同样在网络环境下，尤其是在物联网环境下，会计核算也从原来的事后核算转变为实时核算，财务管理由之前的静态管理转变为动态管理，这使得传统会计假设中的会计分期假设消除了时间和断点等。

2. 会计信息化建设参差不齐

从目前的情况来看，我国各行业的会计信息化建设存在较大差异。东部地区会计信息化建设水平远高于西北地区，部分西部地区的会计信息化水平仍处于会计电算化阶段，而在东部沿海地区的会计工作已建立起了会计信息集成系统；工业企业的会计信息化水平远高于政府机关及事业单位；金融业和互联网企业的会计信息化水平高于一般工商企业。

3. 会计信息不对称依然存在

计算机技术和互联网技术的发展在一定程度上实现了会计核算工作的智能化，但在会计信息的交易过程中，双方的信息仍然是不对称的。供应方掌握控制会计信息的搜集、整理分类、加工处理和传输的整个过程（包括传输的内容、时间及方式），需求方在会计信息的质量、数量和接收方面都是被动的，并且只能看到供应方希望让他看到的，对于基础性会计信息的真实性无从查起；在物联网条件下，企业信息是动态的、可追溯的，这为会计信息的对称提供了可能，在一定程度上可以避免虚假交易。

4. "信息孤岛"现象严重

在传统会计工作中，"信息孤岛"是企业面临的一个现实问题。"信息孤岛"现象的存在导致企业管理效率低下，在一定程度上阻碍了高效企业管理水平的实现。在当前的企业会计中，企业普遍将计算机技术和互联网技术应用于企业会计核算，实现了一定程度的会计信息化，能够更好地将信息资源应用于企业会计工作中。在当前会计信息化存在的问题中，现行会计信息系统在一定程度上解决了会计核算问题，但对其他业务信息的重要性及与不同业务系统的信息交互作用上认识不足。现有信息资源存在不一致、不准确及不规范等问题。由上述论述中可知，信息资源是企业财务管理过程中形成的各种数据及其相互关系，信息资源的充分利用决定了企业会计信息化水平，信息资源问题导致了"信息孤岛"的存在。物联网技术的发展将有助于实现信息资源的规范化和标准化，消除企业的"信息孤岛"现象，实现各种数据的整合，提高企业的会计信息化水平。

（二）会计信息化存在问题的原因

1. 思想认识上的原因

（1）对会计信息系统研发认识存在误区

我们知道会计信息化的本质是计算机技术与会计工作的有机结合。实现这种结合的方式是研发和设计会计信息系统。在当前的会计信息系统研发中，主要存在以下几方面误区：一是会计信息系统定位不准确，忽视企业管理现状，使得研发信息系统的投入高而效率较低，导致企业资源的浪费，会计信息系统建设积极性和热情下降；二是在会计信息系统的开发过程中，缺乏系统分析和深入调查，导致开发的会计信息系统与企业实际需求脱节，难以达到预期效果；三是在会计信息系统建立后的实施应用和推广过程中，缺乏配套的制度建设支撑和相应的保障措施，使会计信息系统难以真正发挥作用，难以实现其初衷。

（2）对会计信息化理论研究重视程度不够

会计信息化的发展过程就是不断突破传统会计观念，建立新的会计理论和方法的过程。从目前的会计信息化发展状况来看，我国会计信息化建设经历了两次历史性飞跃，会计信息系统建设取得了长足进步。企业会计信息系统应用于企业会计工作，企业会计服务于企业管理及企业决策。从我国会计信息化的现状来看，我国会计理论建设明显滞后于会计信息系统的建设；从短期来看，这种延迟滞后性对我国会计信息建设产生了影响；而从长期来看，这阻碍了我国会计信息化建设的历史进程。造成这种滞后的根本原因是，缺乏对会计信息化理论研究的重视，理论研究热情不高。

2. 缺乏复合型会计信息化人才

在以计算机技术和互联网技术为代表的信息技术时代，会计信息化的应用和实践需要企业会计人员的辅助。会计人员的职业素质直接决定着会计信息化程度在企业中应用的深度和广度。与传统会计相比，在信息技术时代的会计人员必须具备会计专业知识、计算机技术知识、互联网知识和会计信息系统的研发知识。目前，在会计信息化过程中，企业会计从业人员的整体素质较低，表现在对企业会计信息系统软件缺乏全面的认识和理解，对财务软件的应用和能力不足，以及对财务软件在使用过程中出现的故障无法及时消除，直接影响整个软件系统的正常运行和企业会计工作的发展。

3. 会计财务软件缺乏通用性和标准性

财务软件是基于计算机技术并为满足用户需求而设计的软件产品。在目前开发的财务软件中，缺乏通用性和标准化是最重要的问题，在一定程度上使财务软件公司难以实现大规模财务软件开发，也阻碍了会计财务软件的大规模应用和推广。同时，由于缺乏普遍性和规范性，企业会计信息很难被不同的信息寻求者使用，信息共享性也很差，很难充分发挥信息拥有价值。

二、物联网发展现状

（一）技术现状

从物联网发展的技术现状看，在我国已经开展的网络通信技术研究成果的基础上，在传感器技术、RFID 射频识别技术和信息处理等领域取得了一定进展。但从总体上看，由于我国信息产业发展过程中仍存在亟待突破的长期基础性瓶颈，我国在物联网技术研究领域的核心技术在水平上与发达国家相比存在一定差距，一些技术领域的核心技术没有掌握，导致我们落后于国际先进技术，以追随和模仿为主。

（二）标准化现状

从我国物联网标准化的现状来看，物联网标准化建设仍处于起步阶段。幸运的是，我国物联网的标准化建设正在有序进行。总体而言，我国物联网标准化已经得到业界的广泛重视，但要推进我国物联网体系的标准化建设，一是必须进行顶层设计，客观冷静地分析物联网标准化体系建设的具体需求；二是做好统筹兼顾，积极协调国际标准、国家标准和行业标准的推广，进一步优化资源配置，推进我国物联网标准化体系建设。

（三）面临的挑战

物联网正在快速地发展，虽然已经得到了初步的应用，但尚未大规模地使用和普及，物联网在自身发展过程中，面临着诸多的挑战。

1. 缺乏统一的标准

就像互联网的建立和使用一样，TCP / IP 协议和路由器协议的制定是互联网发展史上的一个历史性事件。为了在物联网发展中实现万物互联，统一的技术标准是物联网建设的第一道门槛，没有统一的标准，物联网的发展就是空谈。因此，在发展物联网的过程中，迫切需要建立统一化的标准和管理机制，这需要世界各国的共同努力和推动。

2. 过高的使用成本

在当前条件下，物联网的发展还处于初期起步阶段。这一阶段的主要特点是物联网相关设备成本高、物联网技术应用范围小、普及率低。这些特点反过来又限制了物联网技术的普及和应用。当成本较高时，很难实现大规模应用。没有大规模的应用，就很难实现规模化生产，成本高的问题更难解决。打破成本壁垒已成为物联网技术普及和大规模应用的前提，也是实现物联网产业化的首要问题。因此，在当前成本没有降低的前提下，物联网的发展是受到限制的。

3. 产业链条远未形成

我们知道，物联网技术包括传感器技术、网络与通信技术、RFID 技术和信息处理技术等一系列技术。目前，上下游厂商在物联网产业链上独立运营，而物联网产业化需要上下游厂商的通力合作。要实现物联网产业化，形成完整的产业链，还有很多工作需要做。在体制方面，通过系统制度建设，加强广电、电信、交通等行业相关部门的合作，共同推进信息化和智能化交通系统建设；在网络基础设施方面，加快电信网、广电网和互联网的融合进程；在利益分配时，必须考虑兼顾产业链各方的相关利益。解决这些问题需要时间，由此可见，物联网的普及仍然是一个漫长的过程。

4. 盈利模式尚不清晰

物联网技术的体系结构可以分为三个层次：感知层、网络层和应用层。对于每个层次级别，市场上都有相应的开发商。每个开发商都有多种方法选择来探索开拓相关市场，并选择合适的盈利模式。从计算机技术的发展到互联网技术的普及，可以清楚看到，任何的信息产业革命都必须伴随着一种成熟商业盈利模式的出现。物联网现在仍处于发展和应用的初级阶段，这也在一定程度上阻碍了物联网技术的普及与规模化应用。在当前物联网发展的利润来源中，其利润点主要集中在信息化建设和物联网相关的电子元器件领域，如 RFID 射频识别设备和感应器等。然而数据传输网络及物联网技术最下游的物流及相应行业的利润增长模式相对模糊，需要很长时间才能形成成熟的商业模式。

（四）物联网技术推动会计信息化

物联网技术的诞生是信息产业史上的第三次革命浪潮，它的诞生让人们了解了互联网网络的真实性。它通过 RFID 技术和无线通信网络连接"虚拟的互联网"和"现实世界的万物"。这种现实与虚拟的结合为传统互联网发展注入了活力，也为社会生产和生活方式注入了动力，推动了企业生产经营方式的变更和组织管理方式的改革，对利用信息技术发展实现会计信息化产生了深远影响。

1. 解决了数据源问题

以原材料为例，物联网技术的应用对许多原材料连接产生了深远的影响，从采购、储存、接收、在制品、成品储存到最终销售。芯片嵌入式原材料通过RFID技术与数据仓库进行实时"交流"，数据及时更新并导入数据仓库。在这个过程中，员工不参与数据的读取和传输，只有物品的自动"说话"，这使得接收到的公司数据更加可靠和真实。

2. 真实反映企业经营状况

在物联网技术条件下，可以有效监控企业产供销环节、实物资产和产品生产等环节，可有效规范企业业务，减少甚至杜绝业务混乱，使企业会计信息资料真实可靠，企业的会计处理过程标准规范，企业的经营情况与企业的会计信息相互印证，信息失真得到有效防范。

3. 促进企业内部控制

在物联网技术下，RFID技术贯穿整个企业的决策、执行、管理和监控的全过程，覆盖了企业的所有业务和事项，实现了企业内部控制的全面完整性。通过建立会计信息系统，促进内部控制流程与企业信息系统的有机结合，减少或消除人为因素操纵，实现业务和事项的自动控制。

4. 商品整个流转可追溯

依靠物联网技术，企业可以监管商品销售流通的每一个过程，能实时看到商品的流转动向，如某个经销商的库存情况、对客户的销售情况等，尤其是针对药品等特殊商品，可以进一步规范市场行为、方便政府的监管。

三、物联网下会计信息化建设

（一）建设前提

会计信息化建设的两次飞跃离不开计算机技术的大规模应用和互联网技术的成熟和普及。如果没有实现计算机和互联网的发展与普及，会计工作的信息化只不过是纸上谈兵。物联网下的会计信息化建设离不开物联网技术的发展。目前，中国物联网的发展还存在很多问题，如商业模式不成熟、制度不完善、物联网应用的开发仅依赖于运营商和物联网企业、技术标准不一致和相关政策法规不健全等，这些都限制了物联网产业的发展和普及，物联网大规模应用和普及是物联网下会计信息化建设的前提。

（二）理论支撑

从会计职能来看，物联网技术的应用将极大地发挥会计人员的管理职能，使其从传统的会计核算和会计监督中解放出来，通过及时向企业管理层提供相关的会计信息，实现会计职能的升级转型，最大限度地发挥其会计职能，服务于企业的战略发展和管理决策，实现企业价值最大化。

任何学科的发展都需要理论作为指导。计算机理论的发展和对会计信息化的研究促进了会计信息化工作发展。在物联网环境下建设会计信息化也需要会计信息化的理论引导，物联网技术的发展对传统会计理论提出了挑战，对会计基本理论的建设提出了新的要求。

从会计主体的定义来看，随着信息技术的发展，会计主体变得模糊，这对会计主体的定义提出了新的要求；会计信息传递的及时性和动态性也对会计管理水平提出了新的要求。从会计要素的确认、计量和记录来看，随着经济的发展和社会的进步，相对于固定资产而言，无形资产在企业中所占的份额越来越大，无形资产在企业生产经营中发挥着越来越重要的作用，会计确认标准的扩展就显得尤为迫切；在传统会计理论中，任何经济业务的确认和记录通常以权责发生制为前提，以历史成本为基础来对会计信息进行价值化核算，物联网技术带来的信息传播的及时性及会计信息的时效性，使得公允价值计量在会计计量中的应用变得越来越简单。

（三）建设目标

学者们普遍认为，会计信息化的本质在于会计工作与信息技术的有机结合，既能将计算机技术和互联网技术等引入会计学科，实现与传统会计工作的融合，从而为企业会计业务核算、财务管理等带来便捷，还包括会计基本理论的信息化、会计实务的信息化和会计管理的信息化等诸多内容。

关于会计信息化建设的目标，研究的角度和目标不同，得出的方向也不同。财政部发布的《关于全面推进我国会计信息化工作的指导意见》提出，我国会计信息化的目标是力争通过 5～10 年的努力，建立健全会计信息化法规体系和会计信息化标准监管体系，包括可扩展商业报告语言（XBRL）分类标准，实现企业会计信息化与管理信息化二者的有机融合。

显然，上述目标从建立会计制度和信息化的角度着眼于宏观方面。我们认为会计信息化服务于会计工作，其目标与会计工作职能密切相关。物联网下的会计信息化建设的目标，是物联网和会计工作有机地结合起来，实现对会计业务的核算智能化和监督智能化，为企业管理服务和决策提供支持。

1. 会计核算智能化

在会计核算过程中，涵盖会计信息获取、确认、计量、登记、披露等内容，在传统的会计活动中，从一项经济业务的发生到记账凭证的编制，再到登记账簿的编制，最后到会计报告的出具等工作，所有这一系列工作都是由具体的会计人员完成的，通常需要很长的时间且耗时耗力，而且结果的准确性取决于会计人员自身的职业素养。借助物联网技术和 RFID 技术，整个会计核算过程都是通过数据处理中心自动完成的，减少了人工参与，降低了人为因素对会计工作的影响，增强了会计核算的准确性和客观性，也提升了会计处理的效率。

(1) 信息获取智能化

可靠性和真实性是会计信息质量的基本要求，保证企业会计信息的正确性和真实性是企业会计工作的基本要求，物联网技术的应用，从信息源上保证了会计信息的质量。以物联网技术在企业产品及设备中的应用为例，通过在企业产品、设备等资产中嵌入 RFID 电子标签，以及其他感应设备实现对产品与设备的自动识别，从采购、生产、物流、交易等一系列环节收集企业资产信息，在这个过程中，无需人工参与，都是由会计信息系统自动生成和处理，从而实现了会计信息获取智能化。

(2) 信息处理智能化

在物联网环境条件下，没有人工参与，企业会计信息系统将实时自动获取信息并导入数据库，并及时确认和处理收到的信息，数据处理过程更加及时完成准确，整个过程与数据的更新同步进行，全信息处理过程智能化、数字化。

(3) 会计报告智能化

传统的财务报告文本形式存在一系列弊端，如标准不统一、内容冗余和效率低下等问题，物联网技术标准体系的建设，实现财务报告的跨平台、跨语言、成本低和高效率，有助于提高会计信息的相关性、趋同性、准确性和共享性，并使财务报告实现智能化，能够为决策者提供更加及时、准确和完整的会计信息。

2. 会计监督智能化

(1) 实现"三流合一"

企业根据物联网技术，可以通过企业会计信息化系统及时掌握资产的属性、位置和状态，能够对业务和事项实现自动运行控制，实现货物流、资金流、信息流的"三流合一"。并通过对企业"三流合一"的分析，可快速准确地评估判断企业经营状况，找出企业经营管理中的薄弱环节，从而采取有效措施加以改善，促进企业健康发展。

(2) 增强内外部协同

物联网技术的发展使克服部门、区域和行业之间的障碍变成可能，让各种会计信息资源的有效整合成为现实。对企业内部而言，在物联网技术下的企业内部管理系统与财务会计信息系统的融合已成为必然；并通过它们的融合，管理者将通过远程管理和在线协助等技术,突破地域上的时空限制,对企业的交易业务进行实时的操作和监控,实现办公自动化,提高企业管理效率。从企业外部看,企业可以与供应商、客户甚至竞争对手保持联系,通过物联网技术实时获取相关会计信息,提高风险管理水平。

（四）建设途径

哈尔滨工业大学教授艾文国等学者将我国会计信息化的发展分为两个阶段:会计电算化阶段和会计信息化阶段。前者以计算机技术在会计核算工作中的具体应用为体现;后者以互联网技术浪潮条件下综合性企业会计软件的开发与实施为标志。由此可见,会计工作信息化本质上归结为会计工作与信息技术的融合。在二者结合的过程中,互联网理论和会计理论的发展为会计信息化建设提供了指导,为会计工作信息化进程提供了动力。

会计信息化是以强大的电算化为技术支撑的,因此,信息化的发展水平在很大程度上取决于现有电算化技术的创新。而电算化技术创新的关键是会计信息化软件。软件是电子计算机的灵魂,软件设计的优劣直接影响建立会计信息系统的目标能否实现。可见,建立相应的会计信息化软件体系是推动会计信息化的关键。

我们注意到,会计信息化的发展每次都是会计工作与信息技术深度融合的过程,都是会计工作向智能化的一次迈进。物联网条件下的会计信息化建设,需要会计信息化理论作为先导,关键是物联网技术与会计实务工作的有机融合,核心是建立"物物互联"的会计信息化系统。在企业会计信息系统的重新架构中,物联网技术将有助于企业实现实时管理模式、多维核算体系、现实场景和信息利用与决策的会计信息系统。首先,动态化控制,在物联网环境条件下,"万物的互联"成为现实,企业的所有原材料和设备,包括每个元件,都是一个实时化、动态化系统。在动态的企业会计信息系统中,从企业管理者的角度,可以随时随地进行管理及控制、随时跟踪商品的位置、管理原材料的投入、核算工程的费用,从而实现对企业会计要素的动态化控制。其次,多维度核算,基于物联网技术下,建立满足企业需要的多维度核算体系成为企业的共同选择。企业在建立多维核算体系时,所依据的是一个反映原始状态的数据,为了满足建立多维核算体系的需要,必须根据不同的核算要求,以不同的方式对原始数据进行多个角度的分类、汇总与分析。一般来说,这种分类、汇总和分析都与企业的某些管理需求有关。例如,基于上市公司的外部报表需要,必须按照新的会计准则提供报表;根据内部管理的需要,应按照内部管理体系提供运营报表等。最后,场景式管理,借助物联网技术,数据信息记录方式发生了根本性变化,嵌入物体当中的电子芯片可以存储视频、音频和图片等物体信息,通过搜索模式来提供会计信息，改变了信息使用方式，可以查询到该设备从购买之日起的相关信息、场景，可获取其在企业的部分或全部有关信息。例如，输入某台设备，就可以查询到该设备从购买以来的有关信息，实现场景式的全链条管理和控制。

参考文献

[1] 白仲林. 会计信息系统研究 [M]. 北京：经济科学出版社，2002.

[2] 陈舒刚. 新常态下我国企业会计信息化存在的问题及对策探讨 [J]. 企业改革与管理，2015（21）：141-142.

[3] 付得一. 会计信息系统 [M]. 北京：中央广播电视大学出版社，2011.

[4] 贾愿鸿. 物联网环境下的会计信息化建设研究 [D]. 西安：长安大学，2015.

[5] 孙莲香. 会计信息系统应用 [M]. 北京：清华大学出版社，2010.

[6] 王海洪，李霞林. 会计信息化 [M]. 北京：机械工业出版社，2011.

[7] 王征，李露. 大数据时代下会计信息化存在的风险及防范对策 [J]. 现代经济信息，2016（23）:157-158.

[8] 谢彦琦，邵华清，物联网条件下会计信息化的发展路径研究 [J]. 中国商论，2015（7）:157-159.

[9] 杨周南. 计算机信息处理环境对会计理论与实务的影响及对策研究 [M]. 北京：中国财政经济出版社，2002.

[10] 张枫悦. 企业会计信息化存在的问题及对策分析 [J]. 北方经贸，2015（10）：144-145.

[11] 张金辉. 对大数据时代下企业会计信息化的思考 [J]. 赤峰学院学报（自然科学版），2015（8）:119-121.

[12] 张瑞君，蒋砚章. 会计信息系统 [M]. 北京：中国人民大学出版社，2012.

[13] 林琳. 会计信息化环境下的会计安全与风险控制研究 [J]. 商业经济，2017（3）：158-160.

[14] 邹冲，王萍. 中小企业实施会计信息化的策略研究 [J]. 企业改革与管理，2015（9）：104；116.

[15] 王舰，杨振东. 基于云计算的中小企业财务信息化应用模式探讨 [J]. 中国管理信息化，2009（17）：53-54.

[16] 麦海娟，麦海燕. 基于 SaaS 视角的中小企业会计信息化应用研究 [J]. 会计之友（中旬刊），2010（4）：62-63.

[17] 毛华扬. 会计信息系统原理与方法 [M]. 北京：清华大学出版社，2011.

[18] 姜岳新. 我国中小企业信息化的现状与问题研究 [J]. 现代管理科学，2007（3）：46-47；57.

[19] 马春华. 新形势下企业会计信息化中存在的问题及对策研究 [J]. 金融经济，2012（8）：134-136.

[20] 朱泽民，陈琛. 中小企业信息化建设模式的分析与比较 [J]. 企业技术开发，2008（1）：77-79.

[21] 薛祖云. 会计信息系统 [M]. 厦门：厦门大学出版社，2010.

[22] 易先智. 中小企业会计信息化中"云会计"的应用分析 [J]. 财会学习，2015（16）：104.

[23] 孙翠萍，李静. 云会计在中小企业会计信息化中的应用初探 [J]. 现代经济信息，2017（2）：262.

[24] 郭莲丽. 大数据时代下会计信息化的风险因素及防范措施 [J]. 商场现代化，2016（19）:182-183.

[25] 白雨燕. 中小企业云会计信息化系统的应用探讨 [J]. 现代商业，2015（24）：206-207.

[26] 韩梅. 企业会计信息化内部控制问题研究 [J]. 商场现代化，2015（2）:221-222.

[27] 北京市信息化工作办公室，北京市质量技术监督局. 信息化标准化工作指南 [M]. 北京：北京邮电大学出版社，2006.

[28] 邓劲生，郑倩冰. 信息系统集成技术 [M]. 北京：清华大学出版社，2012.

[29] 马凯，曲京山. 云会计在中小企业会计信息化中的运用探究 [J]. 中国乡镇企业会计，2016（1）:175-176.

[30] 蒋燕辉. 会计监督与内部控制 [M]. 北京：中国财政经济出版社，2002.